Irmgard Nusch

Fano

„Gott hört, wenn Kinder beten“

Irmgard Nusch

Fano

Gott hört, wenn Kinder beten!

Bildnachweis:
Fotos aus privatem Archiv

Impressum

Nusch, Irmgard
Fano
„Gott hört, wenn Kinder beten“

ISBN 978-3-89436-529-5

Satz: CV Dillenburg
Umschlaggestaltung: Sven Gerhardt, Bad Endbach
Druck: CPI Moravia Books, Korneuburg und Pohorelice

Printed in Czech Republic

Inhalt

Die Autorin mit Baby Mariamu
(Fanos Mutter) im Januar 1959

Vorwort

Dies ist kein Missionsbuch und auch kein Afrikabuch. Ich erzähle Fanos erstaunliche Geschichte. Fano ist mein Enkelkind – der älteste Sohn unserer tansanischen Pflegetochter Mariamu. Mein Mann Friedhelm und ich hatten dieses Mädchen, dessen Mutter kurz nach der Geburt gestorben war, an ihrem ersten Lebenstag angenommen. Nach fast 20 Jahren Missionsarbeit in Ostafrika kehrten mein Mann und ich in unsere deutsche Heimat zurück. Damals war Mariamu in der Ausbildung als Krankenschwester in Tansania und blieb dort zurück. Ein Jahr später wurde Fano geboren. Sein Vater blieb unbekannt. Mariamu heiratete einige Zeit darauf den Lehrer Kilango und eine schwierige Zeit für Fano begann. Darüber und wie er als Adoptivkind ins Siegerland kam, will ich in diesem Buch erzählen.

Irmgard Nusch

Fanos Leben in Tansania

Fano lebte mit seiner Mutter und deren Mann, dem Lehrer Kilango, in Chemchemi, einem Dorf in der Nähe von Tunduru in Südtansania. Tunduru ist eine Distrikt-Hauptstadt nahe der Grenze zu Mosambik in einer abgelegenen Gegend und wird von einem moslemischen Stamm bewohnt, den Yao-Leuten. Wenn ein Beamter der tansanischen Regierung, damals noch Kolonialregierung, dorthin versetzt wurde, kam das einer Verbannung gleich. Der Lehrer Kilango war in dieses Gebiet versetzt worden, wo er Mariamu kennen lernte und mit ihr und Fano zusammen lebte. Nach und nach kamen Fanos drei Halbbrüder Michael, Israel und Abel zur Familie hinzu.

Es wäre für die Kinder ein schönes Leben gewesen – wenn nicht die Familie so arm gewesen wäre und sie manchmal abends hungrig auf ihrer Schlafmatte hätten einschlafen müssen. Aber die Kinder vergaßen schnell, dass sie hungrig waren. Ein Maiskolben oder in der Regenzeit die saftigen Mangos füllten schnell ihre kleinen Mägen. Sie spielten gerne mit den anderen Kindern um ihr Dorf Chemchemi herum. Das war ihre Heimat. *Chemchemi* heißt „Quelle", und eine gute Wasserquelle gab es dort auch. Darum brauchte ihre Mutter nicht weit zu gehen, um Wasser zu holen.

Mitten im Dorf stand die Moschee. Es war eine armselige Lehmhütte. Man erkannte sie an den Wasserfässern, die vor dem Eingang standen und für die rituellen Waschungen dienten. Im ganzen Dorf gab es weder ein Steinhaus noch ein Wellblechdach. Auch die Schule war aus sonnengetrockneten Ziegeln gebaut und mit Gras gedeckt. Die Hütten der Dorfbewohner sahen genau so aus, nur waren sie etwas kleiner als die Moschee und die Schule.

Sobald die Dämmerung hereinbrach, mussten die Kinder vom Spielen nach Hause laufen. Wenn der Gebetsrufer zu hören war, dann war es Zeit für den Heimweg. Ums Dorf herum strichen nachts die Löwen. Manchem hatte es schon das Leben gekostet. Einmal in einer Regenzeit, als das Elefantengras sehr hoch stand, wurden sechs Menschen von Löwen angefallen und getötet.

Eines Tages sagte Fanos Mutter: „Heute werden wir alle nach Tunduru gehen. Dort findet eine große Konferenz statt. Wir sind eingeladen. Und meine Eltern aus Deutschland – eure Großeltern – kommen auch mit dem Flugzeug dorthin." Die Kinder jubelten, besonders Fano. Er, als der älteste der vier, kannte uns gut. Er hatte uns sogar schon in Deutschland besucht.

Es folgten nun schöne Tage. Das Ereignis, das

die Großen Konferenz nannten, war eine Zusammenkunft aller Christen aus dem Tunduru-Distrikt und fand auf dem Gelände einer Bibelschule statt. Es kamen Hunderte von Christen zusammen, und auch ebenso viele Kinder. Das Gelände war groß, und die Kinder konnten dort frei spielen. Die Erwachsenen hatten ihre Zusammenkünfte unter einem großen, offenen Zelt. Man konnte sie immer sehen und ihr Singen und Trommeln hören. Jeden Tag gab es gutes Essen. Fano schlief mit seinen kleinen Brüdern bei meinem Mann und mir – also bei Oma und Opa – in einem Zimmer. Es waren herrliche Tage! Auch für uns. Man hörte nichts von Zank und Streit, und verloren gegangene Gegenstände, ja sogar gefundenes Geld, wurden im Konferenz-Büro abgegeben und kam wieder zu ihrem Besitzer.

Doch dann kam der Abschiedstag. Das kleine Flugzeug der Missionsgesellschaft landete auf dem Flugstreifen. Nun hieß es, Abschied nehmen. Da sah Fano, wie ich gerade das Flugzeug besteigen wollte. Er nahm allen Mut zusammen und lief aus der grasgedeckten Wartehütte einfach aufs Flugfeld. Er rannte auf mich zu und sagte: „Bitte, Oma, nimm mich mit!“ Das Herz tat mir weh, als ich ihm sagen musste: „Ich kann dich jetzt nicht mitnehmen. Aber wenn du zu uns nach Deutschland kommen möchtest, dann bete zu Gott. Er hört, wenn Kinder beten.“ Dabei dachte ich an Ismael, den Sohn der Hagar, als er am Verdursten war und Gott sein Rufen hörte und seiner Mutter den Wasserbrunnen zeigte (1. Mose 21).

„Gott hört, wenn Kinder beten." Diese Worte vergaß Fano nie mehr. Er war damals erst acht Jahre alt. Viel später, in Deutschland, erzählte er mir, dass er von dem Tag an immer betete, wenn er traurig oder in Gefahr war. Es sollte aber noch ein ganzes Jahr vergehen, bis Fano wirklich zu uns nach Deutschland kommen konnte.

Fano mit Brüderchen Israel

Umzug nach Dar-es-Salam

Das folgende Jahr wurde sehr schwer für Fano. Wenige Wochen später sah er, wie seine Mutter abends weinte. Weil der Lehrer Kilango nicht zu Hause war, wagte Fano, sie nach der Ursache ihres Kummers zu fragen. Die Mutter erklärte den Kindern, dass ihr Stiefvater vom Erziehungsministerium von Tunduru weg in die Hauptstadt Dar-es-Salaam versetzt worden war. Am Monatsende sollte der Umzug stattfinden. Die Kinder freuten sich darauf: aus dem Buschdorf, wo sie die Löwen fürchten mussten, in die Landeshauptstadt ans Meer! Sie ahnten nicht, dass man dort Maiskolben und Mangos kaufen musste, statt sie nur wie hier auflesen zu können. Die Kinder freuten sich, aber die Mutter weinte. Für sie hieß es, die Heimat zu verlassen und damit auch ihre christliche Gemeinde, den Chor, die Frauengruppe und auch ihre Verwandten. Sie wusste, dass ihr Mann dort an der Küste wieder unter den Einfluss seiner moslemischen Verwandten und Freunde kommen würde – er und auch die Kinder.

Aber es half alles nichts, sie zogen um. Sack und Pack kam auf einen Lastwagen und die Mutter mit den Kindern obendrauf. Der Lehrer Kilango saß vorne beim Fahrer. Drei Tage dauerte die Reise. Müde, hungrig und verstaubt kamen sie in Dar-es-Salaam an.

Fano (ganz rechts) mit Mutter und
Lehrer Kilango und Brüdern (ca. 1985)

Es gab dort viel zum Staunen, aber auch manche Enttäuschung. Wer hätte gedacht, dass man für das Wasser aus der Leitung Geld bezahlen musste – einen Brunnen gab es nirgendwo. Manche Leute hatten auch elektrisches Licht, aber in der Notunterkunft, wo die Familie vorläufig blieb, gab es das nicht. Fano erzählte später: „Wir lebten wie auf einer Müllhalde. Der Stiefvater war meist unterwegs, um eine bessere Wohnung zu finden. Er kannte sich ja gut aus. Anders als im Buschdorf, wo sie vorher gelebt hatten, fühlte er sich hier zu Hause. Trotzdem war er jetzt manchmal gereizt und ungeduldig. Die feuchte Hitze setzte allen zu. Der kleine Abel weinte nachts oft, und die Großen fingen an, mit den Stadtkindern umherzustreunen. Dadurch war Stiefvater Kilango zunehmend gereizt und ungeduldig. Er brachte jetzt auch manchmal andere Männer mit. Manche von denen waren böse, einige auch betrunken und alle redeten laut und viel."

Als sie endlich ein kleines Häuschen zugewiesen bekamen, besserte sich die Lage. Jetzt kam Fanos Stiefvater mit zwei fremden Frauen nach Hause. Sie waren ganz in schwarze Tücher gehüllt. Die eine hieß Zaina und die andere Aesha. Der Vater sagte, sie seien seine Schwestern und die Kinder hätten sie mit „Tante" anzureden. Fano hatte Angst vor diesen Frauen. Eines Tages weigerte sich die Mutter, für diese Tanten Essen zu kochen. Da sahen die Kinder, wie der Vater die Mutter ins Schlafzimmer stieß. Dann hörte Fano deutlich, wie seine Mutter geschlagen wurde. Als er dann anfing zu weinen, jagte der Vater alle vier Kinder hinaus auf die Straße.

Weil die Regierung mit der Gehaltszahlung im Rückstand war, hatte der Lehrer für seine Familie kein Geld. Da ergab es sich, dass Mariamu bei einer deutschen Familie eine Stelle als Hausmädchen angeboten wurde. Der Vater dieser Familie arbeitete als Lehrer an der Universität. Einerseits war das eine gute Lösung. Der Lohn wurde pünktlich bezahlt und Mariamu machte die Arbeit Freude. Aber die Kinder waren dann tagsüber sich selbst überlassen. Fano trug nun die Verantwortung für seine kleinen Brüder. Bevor die Mutter morgens früh aus dem Haus ging, machte sie eine Thermosflasche mit Milch fertig, denn Abel war fast noch ein Baby. Über den Tag verteilt, gab Fano ihm die Milch. Er nahm ihn überall hin mit und manchmal band er ihn sich auf den Rücken, wie die Mutter es tat.

Da geschah eines Tages das Unglück: Die Thermosflasche rutschte Fano aus der Hand und zerbrach am Boden. Das war sehr schlimm. Der Stiefvater schlug Fano so sehr, dass dieser offene Wunden am Rücken behielt, die lange nicht heilten.

Eines Tages kam der Lehrer Kilango früher als sonst nach Hause. Das Gehalt war ihm ausbezahlt worden. Jetzt wollte er etwas Gutes für die kleinen Burschen tun. Er gab Fano Geld und schickte ihn zum Markt, um Bananen zu kaufen. Dabei schärfte er ihm ein, gut mit den Verkäufern zu handeln und schöne Bananen mitzubringen. Glücklich lief

Fano los. Er wusste, wo der Markt war. Bei einem Händler fand er auch schöne frische Bananen und genau die Sorte, die er selbst so gerne aß. Triumphierend lief er nach Hause, die Bananen in der erhobenen Hand. Die Kleinen sprangen herzu und setzten sich dann zusammen mit Fano auf den Lehmboden. Der Stiefvater nahm die Bananen und verteilte sie: eine für Michael, eine für Israel und eine für Abel. Den Rest behielt der Mann für sich. Fano hatte mit großen Augen jede Bewegung des Stiefvaters verfolgt. Und wo war die Banane für Fano? Allmählich begriff der Junge: Kilango hatte nur seinen eigenen Kindern etwas gegeben. Fano wusste inzwischen, dass er keine Banane bekommen würde. Er war ja nur das Stiefkind. Er durfte aber nicht weinen, sonst wurde er wieder geschlagen, wie so oft in letzter Zeit.

Hatte Gott ihn vergessen, oder warum musste er so viel Schlimmes erleben? Gott sieht jede Not und nichts ist vor ihm verborgen. Er ist der, der alle unsere Tränen zählt. Das dürfen wir ganz fest glauben und ihm vertrauen.

Gott hört, wenn Kinder beten

Fano ging es zu Hause sehr schlecht. Es dauerte nicht lange, da bekam er Geschwüre am ganzen Körper. Zuerst kaufte die Mutter ihm Salbe, dann brachte der Stiefvater ihn ins Regierungskrankenhaus. Dort wurde er mit Spritzen behandelt, die sehr teuer waren. Als auch das nicht half, nahm ihn die Mutter eines Sonntags mit in die Kirche. Sie konnte selten zum Gottesdienst gehen, weil die Familie, für die sie arbeitete, sie auch am Sonntag brauchte. Der Stiefvater besuchte eine Moschee, seit er in Dar-es-Salaam war. In Mutters Kirche waren freundliche Christen. Die beteten für Fano, dass Gott doch die schlimmen Geschwüre heilt. Aber es passierte nichts. Vielleicht hörte Gott doch nicht, wenn Kinder oder Erwachsene beteten. Doch, er hörte sehr wohl diese Gebete, auch wenn Fano noch nichts davon merkte. Gott hatte einen anderen, guten Plan für sein Leben.

Während all der Zeit hatte Mariamu uns in ihren Briefen über Fanos Geschwüren geschrieben, aber nie die schlechte Ehe und die Not in der

Familie erwähnt. Sie schlug uns vor, dass wir Fano nach Deutschland holen sollten. Aber wir meinten, ein Kind sei am besten bei seiner Mutter aufgehoben. Gott arbeitete an uns und bereitete uns darauf vor, den Jungen nach Deutschland kommen zu lassen.

Als alles nicht half, hatte der Stiefvater Kilango einen anderen Plan. Er kannte in seiner Heimat einen eingeborenen Doktor, der ein Spezialist für die Behandlung von allerlei Geschwüren war. Zu ihm wollte er Fano bringen.

Die Reise dorthin war für Fano ein schlimmes Erlebnis. In einem alten, klapprigen Bus fuhren sie zusammen mit vielen Menschen, Hühnern und Ziegen in Richtung der Stadt Tanga. Dort wohnten Kilangos Eltern und Verwandte, die die beiden Reisenden freundlich empfingen. Fano lag in dieser Nacht zusammen mit einem anderen Kind auf einer Matte. Er sehnte sich nach seiner Mutter und den Brüdern. Mit ängstlichen Gedanken im Blick auf den kommenden Tag schlief er dann doch ein.

Am nächsten Morgen wurde er früh geweckt, und eine der fremden Frauen wusch ihn. Er musste eine Kappe aufsetzen, weil die Fliegen sich immer auf seine eitrigen Geschwüre setzten. Dann ging es zu dem sogenannten *Mganga* – so hieß der eingeborene Arzt. Der begrüßte Kilango als einen alten Bekannten. Die Männer redeten lange miteinander. Sie saßen auf Klappstühlen, und Fano hockte auf der Erde. Währenddessen hatte er Zeit, sich in der Hütte umzusehen. Eigentlich gab es nicht viel zu besichtigen. In einer Ecke stand ein großer Wasserkrug. Unter der Bambusdecke war eine Schnur quer durch den Raum gespannt. Daran baumelten Kleidungsstücke. Unten auf dem Lehmfußboden lagen einige Stücke Feuerholz. Sie waren angeordnet wie die Speichen eines Rades. In der Mitte, wo die Speichen zusammenstießen, glühte ein Feuer.

Der „Doktor“ setzte einen kleinen Aluminiumtopf mit Wasser auf das Feuer und blies es vorsichtig an. Er warf Kräuter in das Wasser, als wollte er Tee kochen. Die Männer hörten jetzt auf zu reden und schauten nur in das Gebräu. Als die Medizin fertig war, goss der Doktor sie in eine Kalabasse (ein ausgehöhlter Kürbis), damit sie etwas abkühlte. Dann gab er Kilango einen Wink. Der packte Fano und hielt ihn wie in einem Schraubstock fest. Ob er fürchtete, das Kind hätte sich geweigert zu trinken?

Nein, Fano weigerte sich nicht. Er schluckte das eklige, bittere Zeug hinunter, denn der harte Griff seines Stiefvaters schmerzte ihn übermäßig. Endlich ließ Kilango ihn los. Fano fiel zu Boden und blieb dort still liegen. Die Männer redeten noch eine Weile. Dann bezahlte der Stiefvater seine Schuld und der Doktor gab ihm einen Teil der Kräuter, eingewickelt in Bananenblätter. Die Prozedur war zu Ende und sie konnten ihren langen Heimweg antreten.

Im Laufe der nächsten Wochen zeigte es sich, dass auch diese Behandlung nicht half. Es stand sehr schlimm um Fano. Aber Gottes Antwort auf die Gebete des Kindes war jetzt nicht mehr fern. In der Stadt Dar-es-Salaam gab es ein Missionshaus. Dort wohnte und arbeitete Erika. Allgemein wurde sie *Dada* Erika genannt – Schwester Erika. Mit ihr war Fanos Mutter befreundet. Natürlich berichtete Mariamu ihrer deutschen Freundin alles, was in ihrem Haus vor sich ging. Auch von Fanos Krankheit und den vergeblichen Heilungsversuchen. Erika konnte es eines Tages nicht mehr mit anhören. Sie sagte zu Mariamu: „Bring ihn zu mir! Ich werde versuchen, seine Geschwüre zu behandeln. Bei mir bekommt er gutes Essen. Vielleicht hilft ihm das."

Als Mariamu abends von der Arbeit nach Hause kam, erzählte sie Fano davon. „Dada Erika hat dich eingeladen, zu ihr zu kommen. Willst du gehen?" Fanos Gesicht strahlte vor Freude. Gerne wollte er zu Schwester Erika gehen. Dass der Stiefvater es erlauben würde, stand außer Frage. Und die kleinen Brüder konnte Fano ja immer wieder sehen. Besonders schwer fiel ihm der Abschied von dem kleinen Abel. Er hatte so gerne für ihn gesorgt.

Einzupacken gab es nichts. In der Schule bei seinem Stiefvater brauchte er sich nicht abzumelden. Da hatte er ohnehin meistens gefehlt. Er ging mit seiner Mutter ins Missionshaus, wo Erika ihn liebevoll auf nahm. Doch trotz aller Bemühungen heilten seine Geschwüre auch dort nicht. Jetzt gingen Briefe zwischen Erika und uns hin und her. Als dann im Oktober 1986 Gäste aus Tansania nach Deutschland flogen, konnte Erika einen Pass für Fano besorgen. Wenige Tage später stand Fano mit einem fremden weißen Mann in Dar-es-Salaam am Flugplatz. Sie flogen nach Deutschland.

Gott hört, wenn Kinder beten! Das hatte ich Fano vor mehr als einem Jahr in Tunduru gesagt, und jetzt durfte er es erleben. Auch wenn Gott zunächst scheinbar nicht antwortete, entgingen ihm nicht die Gebete und Tränen dieses Kindes. Das Gleiche gilt für jeden, der im Glauben und Vertrauen zu ihm kommt.

Wir standen bereit, um Fano in Frankfurt zu empfangen. Hier kam er barfuß und nur mit dünnem Hemd und dünner Hose bekleidet an, aber voll Vertrauen und Wiedersehensfreude. Seine ersten Worte nach der frohen Begrüßung waren: „Oma, meine Mama hat gesagt, du würdest mir eine Party für meinen 9. Geburtstag machen. Tust du das?“ Ich versprach es gerne. Und dann fing für Fano und uns ein glückliches Leben in Deutschland an. Keiner von uns ahnte, dass es für immer war.

Im Westerwald

Mein Mann und ich lebten in einem Haus am Rande des Dorfes Rehe. Das ist ein kleiner Ort auf den Höhen des Westerwaldes. Nachdem wir aus dem Missionsdienst in Tansania ausgeschieden waren, hatte mein Mann dort die Leitung eines christlichen Erholungsheimes übernommen.

Nun machten wir uns Gedanken, wie ein 9-jähriges, krankes Kind reagieren würde, wenn es plötzlich von seiner Mutter aus Afrika nach Deutschland kam. Fano kannte uns zwar von den Besuchen in vergangenen Jahren, doch war der Wechsel extrem. Aus dem feuchtheißen Tropenklima Dar-es-Salaams auf den kalten Westerwald, wo man anders spricht, isst, spielt, wo eben alles anders ist. Von seiner Mutter und den Brüder weg zu den alten „Großeltern“. Zwar konnten mein Mann und ich uns mit ihm in seiner Suaheli-Sprache unterhalten, aber um ihn herum wurde deutsch gesprochen. Wie würde er das verarbeiten? Ich hatte mit Bettnässen und Essenverweigerung gerechnet. Nichts dergleichen geschah. Zwar hatte er mit dem Essen Probleme, aber das kam daher, weil er auch im Mund Entzündungen hatte. Manchmal liefen ihm beim Essen die Tränen über die Wangen; er musste gutes Essen stehen lassen.

Nachts wollte er aber in der Nähe der Großeltern sein. Deshalb schlief er die ersten Wochen im Wohnzimmer, nahe unserem Schlafzimmer. Tagsüber ging mein Mann zur Arbeit ins Erholungsheim. Ich blieb mit Fano zu Hause. Und so lernte er, wie man im eigenen Zuhause lebt.

Friedhelm und Irmgard Nusch mit Fano (1990)

Er half mir eifrig bei der Hausarbeit. Wenn es an der Tür klingelte, schaute er hinter meinem Rock hervor. Wer mochte wohl da stehen? Manchmal waren es die Dorfkinder, die ihn holen wollten. Wo gab es schon in einem Westerwalddorf einen schwarzen Jungen, mit dem man herrlich spielen konnte!

Einmal in der Woche fuhren wir zum Arzt, wo Fanos Geschwüre behandelt wurden. Der Junge ließ sich alles gefallen: Verbände wechseln, Wunden säubern, Spritzen geben. Und dann sagte er: *„Ahsante, Bwana Daktari."* Mit diesem Arzt konnte er – wie mit seinen Großeltern – Suaheli sprechen.

Morgens, wenn die Dorfkinder in der Schule waren, übte ich mit ihm am Küchentisch Lesen, Schreiben und Rechnen. Weil ich keine Suaheli-Schulbücher besaß, nahm ich afrikanische Märchen- und Fabelgeschichten zum Üben. Darin ging es oft grausam zu. Es geschahen Mord, Zauberei und Todschlag. Eines Tages, als in der Geschichte die Räuber wieder Kinder aufgegessen hatten, sagte Fano zu mir: „Ich glaube, von dieser Sorte Geschichten haben wir jetzt genug gelesen." Von da an lasen wir in der Suaheli-Bibel. Das gefiel uns beiden besser.

Niemals war das Kind grob oder unhöflich. Einmal hatte ich etwas gekocht, was ihm nicht schmeckte. Es war Reis mit braunen Bohnen. Ich nannte das Gericht „Western Food". Fano sagte nur: „Dieses Essen kannst du aber nicht jedem anbieten."

Nachmittags spielte er mit den Kindern im Dorf. Bald hatte er ein kleines Fahrrad und flitzte damit herum. Eines abends kam er sehr spät nach Hause. Ich hatte mir Sorgen gemacht und fragte ihn: „Wo bist du so lange gewesen?" Fano strahlte mich an und sagte: „Ich war beim Bauern Ditthard. Da habe ich etwas Wunderbares gesehen." Er tat geheimnisvoll. „Was war es denn?", fragte ich ihn. „Ich habe gesehen, wie ein Kälbchen geboren wurde." Das Kind strahlte vor Glück.

Fano ging sehr gern ins Dorf hinunter. Alle Leute waren freundlich zu ihm. Es kam vor, dass die Busfahrer ihn zu Gratistouren mitnahmen. Dabei lernte er die Hits und Schlager, die im Bus von den Kassetten gespielt wurden und sang sie einfach mit, ohne die Wörter zu verstehen. Besonders gerne ging er runter zur Tankstelle. Dort saß Waldemar, der immer zu einem Schwätzchen aufgelegt war. Das verlief dann einerseits in westerwälder Platt und andererseits in Suaheli. Weil Fano den Namen „Waldemar" nicht kannte, nannte er seinen Freund „Wartemal". Den Ausdruck hörte er öfter.

Sonntags ging er mit in den Gottesdienst unten im Dorf. Dort traf er seine Spielkameraden, den Busfahrer und auch Waldemar, den Tankwart. Wenn das Stillesitzen zu lange dauerte, las er ein wenig in seiner Suaheli-Bibel.

Dann kam der Winter in Deutschland. Zum ersten Mal sah er Schnee und Eis. Wenn ich gefürchtet hatte, dass der Junge nun krank werden würde, so hatte ich mich wieder getäuscht. Mit großem Vergnügen spielte er mit den Dorfkindern auf der Schlittenbahn. Als der Weiher zugefroren war, kam er kaum noch nach Hause.

Alles war so schön in Deutschland. Auch die Geschwüre schienen abzuheilen. Aber immer blieb im Hinterkopf der Gedanke: Eines Tages muss ich wieder zurück nach Tansania und – zum Stiefvater.

Im Frühjahr schrieb seine Mutter aus Afrika: „Bald komme ich und hole meinen Jungen wieder.“ Fano freute sich auf seine Mama, aber davon, dass er sich auf Afrika freute, merkten wir nichts.

Im Mai kam Mariamu. Sie hatte wieder ein Besuchervisum für drei Monate. Während dieser Zeit stellte sich heraus, dass der Stiefvater mit den drei anderen Kindern die Mutter verlassen hatte. Nach Ablauf der drei Monate musste sie nach Afrika zurückfliegen. Was sollte nun aus Fano werden? In Afrika wäre die Zukunft sehr ungewiss für ihn gewesen, und gesund war er auch noch nicht. Seine Mutter war eine erwachsene Frau, aber auch für sie waren die Verhältnisse ungeordnet. Für meinen Mann und mich war es schon bitter genug, sie so ziehen lassen zu müssen – aber Fano auch? So wurde entschieden, dass er in Deutschland bleiben sollte. Für Mariamu selbst war der Abschied am schwersten.

Als Fano von seiner Mutter Abschied nehmen musste, packte er ihr für seine Brüder Michael, Israel und Abel schöne Geschenke, Süßigkeiten und Spielzeug ins Gepäck. Er konnte sich lebhaft vorstellen, wie sie sich darüber freuen würden. Er ahnte nicht, dass sie all die schönen Sachen nie zu Gesicht bekommen sollten, weil sie für die Mutter unerreichbar waren. So flog sie nach Afrika zurück und Fano blieb in Deutschland bei uns.

Als wir Mariamus Rückflug planten, hatten wir nach einer Reisebegleitung für sie gesucht, aber niemanden gefunden. So beteten wir und baten Gott, jemanden zu schicken, der mit ihr zusammen nach Tansania fliegen würde. Als wir dann in Frankfurt am Abfertigungsschalter standen, sahen wir die Antwort auf unsere Gebete: Dort stand unser Freund Wolfgang Heiner. Er flog nach Dar-es-Salaam. Ihm konnten wir Mariamu anvertrauen. Das erleichterte uns den Abschied.

So gut ist Gott! Seine Fürsorge und sein Planen übersteigen unseren Verstand und lassen uns einfach staunen.

Etwas Neues beginnt

Jetzt, wo klar war, dass Fano bei uns blieb, mussten wir seinen Aufenthalt offiziell anmelden. Bisher hatte immer noch die Unsicherheit bestanden, ob die Ausländerbehörde ihm erlaubte zu bleiben. Welche Bedingungen mussten dafür erfüllt werden? Friedhelm fuhr mit Fanos Pass zum Ausländermeldeamt. Fano und ich warteten gespannt auf seine Rückkehr. Endlich kam er mit freudigem Gesicht. Er schwenkte ein Papier in seiner Hand und rief: „Du darfst hier bleiben!“ Die Aufenthaltsgenehmigung galt bis zum 16. Lebensjahr, bei Adoption unbefristet. Als Fano diese Nachricht hörte, stieß er ein lautes Jubelgeschrei aus und kugelte sich vor Freude am Boden.

Jetzt begann das große Fragen. „Muss ich nie mehr zurück zu meinem Stiefvater?“ Er war überglücklich, als wir es ihm wieder und wieder bestätigten. „Muss ich auch nicht mehr *Baba* denken, wenn ich an ihn denke?“

„Nein, das brauchst du nicht, denn er ist ja nicht dein *Baba*.“

„Aber was soll ich denn denken, wenn er in meinem Kopf ist?“

„Du denkst einfach *Mwalimu Kilango* – Lehrer Kilango –, denn das ist er ja.“

„Gut,“ meinte Fano, „das werde ich tun. Aber wer ist denn mein *Baba*?“

Da setzte ich mich neben Fano und erklärte ihm, dass sein Vater Naman heißt und im Norden von Tansania wohnt. Er hatte Fano noch nie besucht. Der Junge war mit der Antwort zufrieden. Es sollten noch fast 20 Jahre vergehen, bis er seinen Vater Naman kennen lernte.

Von diesem Zeitpunkt an begann etwas ganz Neues. Die Geschwüre, die Fano so lange geplagt hatten, heilten schnell ab und er wurde ein gesundes, glückliches Kind. Und es kam noch etwas anderes hinzu, woran wir gar nicht gedacht hatten: Er musste jetzt zur Schule gehen.

Also ging ich mit ihm eines Tages zum Leiter der Grundschule. Dort hatten die Kinder gerade Pause und spielten auf dem Schulhof. Viele von ihnen kannten Fano und riefen ihm ihr „Hallo“ zu. Aber er war ja nicht zum Spielen gekommen. Wir gingen ins Büro des Schulleiters Herrn Reh. Der unterhielt sich zuerst mit mir. Dann wollte er auch mit Fano sprechen. Ich sagte ihm, dass Fano kaum deutsch sprechen konnte. Trotzdem versuchte der Lehrer es. Fano gab ihm ohne jede Scheu Antwort, so gut er konnte. Herr Reh lächelte und sagte: „Der Junge kommt ins 2. Schuljahr und dann werden wir weitersehen.“ So wurde es gemacht.

Fano war jetzt fast 10 Jahre alt. Er war in

Tansania drei Jahre bei seinem Stiefvater Kilango in die Schule gegangen. In diesen drei Jahren hatte er nicht einmal gelernt, seinen Namen zu schreiben. Der Unterricht hatte hauptsächlich darin bestanden, für den Lehrer Feuerholz und Gras für das Hausdach zu holen. Auch mussten die Kinder Lehmziegel für einen neuen Klassenraum kneten. Ab und zu gab es Unterricht. Dazu saßen die Kinder des 1. Schuljahrs unter dem Mangobaum. Sie malten Buchstaben und Zahlen mit Stöckchen in den Sand. Wenn der Lehrer auf sie zukam, konnte Fano sich vor Angst nicht rühren. Wenn die anderen Kinder aufstanden, um in die Klasse zu gehen, blieb er vor Schreck sitzen. Dann kam sein Stiefvater und prügelte ihn hoch. Fano wusste, dass das passierte, trotzdem konnte er nicht aufstehen. Er war wie gelähmt vor Angst. Das war nun alles vorbei. Er sollte hier in diese schöne helle Schule zu den freundlichen Lehrern gehen.

Von dem Tag an fuhr Fano mit den anderen Kindern im Bus zur Schule. In den ersten Tagen ging er mit einem Rucksäckchen. Darin waren seine Hefte, die Stifte und das Pausenbrot. Aber er wollte einen Ranzen haben wie die anderen Kinder. Den bekam er auch. Er ging in die Klasse von Herrn Kexel. Da fühlte er sich bald angenommen. Und er liebte Herrn Kexel. Fano erklärte mir: „Ich habe den besten Lehrer von der ganzen Welt!" Kein Wunder, dass der Junge nun sehr schnell Deutsch lernte. Es dauerte nicht lange, da kam er im Unterricht mit. Er liebte die Schule wie den

Lehrer. Seine Schulkameraden mochten ihn, obwohl er das einzige dunkelhäutige Kind in der ganzen Schule war.

Fano mit Lehrer Kexel in der Westerwaldschule (1987)

Im April 2005 – 18 Jahre nach dieser Zeit – trafen Fano und ich uns noch einmal mit Herrn Kexel in Rehe. Es war für alle Beteiligten ein frohes Wiedersehen. Peter Kexel hatte Fotos von der Zeit mitgebracht, als Fano in seiner Klasse gewesen war. Auf allen Bildern sieht der Junge fröhlich aus. Bei einer Tasse Tee sprachen wir davon, wie damals alles war. Herr Kexel sagte, er sei erstaunt gewesen, wie schnell Fano sich in die Klasse eingelebt und Deutsch gelernt hatte. Er erzählte auch, dass er mit allen Kindern die Geographie des Landes Tansania durchgenommen hatte, damit sie wussten, woher Fano kam.

Ohne Zweifel hatte das liebevolle und pädagogisch kluge Verhalten dieses Lehrers mit dazu beigetragen, dass Fano sich so bald in Deutschland heimisch fühlte.

Bedenken der Großeltern

Wir hatten ein wunderschönes Leben zusammen, und es hätte wie im Märchen heißen können: „So lebten sie glücklich und zufrieden miteinander." Und so war es auch. Friedhelm und ich hatten große Freude an Fano. Und dass das Kind bei uns glücklich war, darüber bestand kein Zweifel. Aber uns kamen Bedenken im Blick auf Fanos Zukunft. Schon manches Mal hatten wir daran gedacht und auch darüber gesprochen, dass Fano unter den Misshandlungen durch den Stiefvater und durch die daraus entstandene gesundheitliche Schädigung doch sehr gelitten hatte. Jetzt merkte man nichts mehr davon. Aber hatte er es wirklich verarbeitet? Wir waren keine Psychologen und gruben nicht nach verborgenen Symptomen. Aber der Gedanke, dass in Fanos Seele dicke Narben zurückgeblieben waren, schien uns logisch. Und so beteten wir für den Jungen und vertrauten ihn der Fürsorge unseres himmlischen guten Hirten an.

Darüber sprachen wir auch mit unseren Freunden. Friedhelm und ich waren schon im fortgeschrittenen Alter und konnten ihn nicht adoptieren, so gerne wir es auch getan hätten. Wir versuchten nun, eine Internatsschule für ihn zu finden, aber das überstieg unsere finanziellen Möglichkeiten. Dann machte einer unserer Freunde den Vorschlag, dass wir ihm die Angelegenheit überlassen sollten. Wir vertrauten sie ihm an.

Wenn Gott unseren Fano schon von Afrika auf den Westerwald gebracht hatte, sollte es ein Kleines für ihn sein, dem Jungen hier den richtigen Platz und die richtige Fürsorge zukommen zu lassen. Darauf vertrauten wir und ahnten noch nicht, wie wunderbar unser Herr alles fügen sollte.

Es dauerte nicht lange, da rief unser Freund an: „Wundert euch nicht, wenn morgen einige Anrufe bei euch ankommen. Ich habe eine Anzeige in die *Siegener Zeitung* gesetzt und eure Telefonnummer angegeben.“ In der Anzeige stand:

> „Wer adoptiert mich? Deutsch sprechender, afrikanischer Junge (10 Jahre), z.Zt. in der BRD. Umständehalber bin ich dringend und sofort adoptionsfrei. Bedingung: Gläubige Familie mit mind. einem Kind in ähnl. Alter.“

Darunter standen mein Name und unsere Telefonnummer. Tatsächlich riefen am nächsten Tag elf Familien aus dem Siegener Raum bei uns an und interessierten sich für Fano. Unter ihnen war auch die Familie Hans Farg aus Bachdorf. Damit kam nicht nur ein neuer Name in unser Blickfeld, sondern es begann ein neuer Lebensabschnitt – nicht nur für Fano, sondern auch für Friedhelm und mich.

Gottes Wege führen nach Bachdorf

Von dem lebhaften Echo auf die Zeitungsanzeige waren wir total überrascht. Wir konnten zuerst nicht darauf reagieren. Es blieb uns nichts übrig, als Gott um Weisheit und seine Führung zu bitten.

Wenige Tage vergingen, da rief Erika Farg bei mir an. Sie bat um einen Besuchstermin, damit sie uns und Fano kennen lernen könnten.

Da kamen sie: Papa Hans, Mama Erika und die Kinder Thomas und Sandra. Fano war nicht zu Hause. So konnten Friedhelm und ich zunächst mit den Besuchern sprechen. Wir waren uns gleich sympathisch. Endlich kam Fano aus dem Dorf vom Spielen herauf. Als er die Gäste im Wohnzimmer sitzen sah, gab er jedem brav die Hand zur Begrüßung. Dann verzog er sich in Friedhelms Zimmer. Er wusste ja nicht, dass dieser Besuch eigentlich ihm galt. Die Familie Farg fuhr wieder ins Siegerland. Wir hatten vereinbart, dass wir in Verbindung bleiben wollten.

In Bachdorf und auch in Rehe beteten Christen ernsthaft um Gewissheit, wie Fanos Weg weitergehen sollte. Am 18. September war der Lehrtext der Herrnhuter Losung Markus 9,36.37: *„Jesus nahm ein Kind und stellte es mitten unter sie und herzte es und sprach zu ihnen: Wer ein solches Kind in meinem Namen aufnimmt, der nimmt mich auf.“* Das nahm die Familie Farg als Weisung vom Herrn. Und in diesem Sinn wollten sie Fano aufnehmen.

Anfang September war die Zeitungsanzeige erschienen und drei Wochen später lud Erika Farg uns mit Fano nach Bachdorf ein. Wir sollten doch auch einmal sehen, wo und wie sie wohnten. Da sagte ich zu Fano: „Erinnerst du dich, dass vor einigen Wochen eine Familie hier war, Mama, Papa, Thomas und Sandra?“

„Ja, sie hatten einen alten BMW.“ So viel hatte er gesehen.

„Nun“, sagte ich, „die Leute haben uns zum Kaffeetrinken eingeladen.“

Fano meinte: „Da geh du mit Opa hin.“

„Aber der Opa hat keine Zeit.“

„Dann gehe ich mit dir, damit du nicht alleine bist.“ So wurde es gemacht.

Dieser Besuch erwies sich als sehr erfreulich. Fano und mir gefiel es bei der Familie Farg sehr gut. Das große, geräumige Haus und der schöne Garten beeindruckten uns beide. Fano spielte mit den Kindern draußen, während ich mich mit Erika und Hans unterhielt. Am meisten freute Fano sich über den Raben Max, der sprechen konnte. So etwas hatte er noch nie gesehen und ich auch nicht. Froh und zufrieden fuhren wir zurück auf den Westerwald.

Ab jetzt wurde die Verbindung zwischen Rehe und Bachdorf intensiver. Im Oktober verbrachte Fano ein Wochenende in Bachdorf. Und wieder gefiel es ihm sehr gut. Hans und Erika begannen jetzt, Schritte zu unternehmen, die zur Adoption führten. Das war ein langer, mühsamer und auch teurer Weg. Aber es war ihnen um Fanos willen nichts zu viel.

Es dauerte noch bis zum nächsten Frühjahr. Dann konnten wir im März zu Hans' Geburtstag Fano, vorerst noch als Pflegekind, nach Bachdorf bringen. Er zog gerne um, und wir wussten ihn in guten Händen. Zum Abschied organisierte Herr Kexel, Fanos Klassenlehrer, ein Fest für ihn. Da sangen die Kinder leichten Herzens:

„Vom Westerwald ins Siegerland
das ist ja gar nicht weit.
Wir kommen und besuchen dich.
Drauf freu'n wir uns schon heut.
Valerie, valera, drauf freu`n wir uns
schon heut!"

So nahm Fano mit „Valerie-Valera" Abschied von seinem geliebten Lehrer und der schönen Westerwaldschule. Nach den Osterferien begann er dann ein neues Schuljahr in Wilnsdorf. Die Schule durchlief er bis zum Abschluss der letzten Realschulklasse.

Leben im Siegerland

Eine neue Zeit begann für Fano. Durch die wiederholten Besuche bei der Familie Farg und das intensive Kennenlernen fiel es Fano nicht schwer, sich bei ihnen einzuleben. Er liebte besonders seine neue Schwester Sandra. Am liebsten war er in ihrer Nähe. Von morgens bis abends hieß es: „Sandra, Sandra". Er nannte auch Papa Hans zuerst einfach „Sandras Papa", bevor er ihn als seinen eigenen Papa akzeptierte.

Es dauerte nicht lange, da war er im Hause Farg, im Dorf Bachdorf und im Siegerland zu Hause. Fano lernte die große Verwandtschaft kennen, die vielen Onkel und Tanten, Vettern und Kusinen, die Großeltern und Nachbarn. Überall ging er aus und ein. Und es bestand kein Zweifel – alle liebten Fano. Er war ein schwarzer Siegerländer geworden.

Eines Tages stand er an der Bushaltestelle und wollte nach Hause fahren. Da kam ein fremder Mann auf ihn zu und fragte: „Woher kommst du denn?" Er wollte natürlich wissen, aus welchem

Land er käme. Da antwortete Fano ohne zu überlegen: „Ich komme aus Bachdorf."

vorne, von links: Sandra, Fano und Thomas dahinter: die Eltern, Erika und Bernd Farg

Ein anderes Mal sah er von weitem einen Jugendlichen kommen, der als fremdenfeindlicher Skinhead in Bachdorf bekannt war. Fano fürchtete sich und dachte: Was macht der jetzt mit mir? Tatsächlich kam der Jugendliche geradewegs auf Fano zu. Er rief: „He, bleib mal stehen!" Fano stand still. „Das eine will ich dir sagen", legte der

Kerl los, „ich mag ja keine Ausländer. Aber du bist eine Ausnahme." Erleichtert lief Fano weiter.

Mit Mama, Papa und seinen Geschwistern nahm Fano auch Anteil am Leben der landeskirchlichen Gemeinschaft im Vereinshaus. Papa war Sonntagschullehrer, und Fano hörte ihm zu, wenn er von Jesus erzählte. Auch in die Gemeinschaftsstunden ging er mit. Er war nun fast 16 Jahre und wollte auch gerne getauft werden. Seine Eltern sprachen mit ihm und dem Pfarrer. Der freute sich darüber, jemanden zu taufen, der selbst den Wunsch danach geäußert hatte.

Fano begann den Taufunterricht zusammen mit den Konfirmanden des gleichen Jahrgangs und wurde anschließend getauft. An dem Taufsonntag kamen auch Friedhelm und ich vom Westerwald und nahmen an dem Gottesdienst teil. Es war für uns bewegend mitzuerleben, wie Fano laut vor der Gemeinde auf die Frage des Pfarrers antwortete: „Ja, ich glaube an Jesus Christus als meinen Heiland und Erlöser." Nur kurze Zeit später folgte die Konfirmation. Sein Konfirmationsspruch ist Psalm 91,1-2: *„Wer unter dem Schirm des Höchsten sitzt und unter dem Schatten des Allmächtigen bleibt, der spricht zu dem Herrn: Meine Zuversicht und meine Burg, mein Gott, auf den ich hoffe."*

Die Wahrheit dieses Verses hatte Fano bisher schon erleben dürfen und sollte noch weiter wichtig für ihn sein. Diese Wahrheit darf aber jeder erleben, der sich diesem Gott anvertraut und an Jesus Christus als seinen persönlichen Erlöser glaubt.

Die Konfirmation war ein großes Fest in der Familie und im Dorf. Die Mutter hatte die schönsten Torten gebacken. Jetzt hatte Fano zwei Patentanten und einen Patenonkel, und alle brachten Geschenke und sagten: „Das ist für unseren Fano." Besser und liebevoller hätte der Junge nirgendwo aufgenommen werden können. Alles war in bester Ordnung.

Wiedersehen mit Lehrer Kilango

Es dauerte ungefähr vier Jahre, bis die Adoption ausgesprochen wurde. Dann erhielt Fano den Familienamen „Farg“, die deutsche Staatsangehörigkeit und einen deutschen Reisepass. Darauf hatten wir gewartet, bevor wir eine erneute Reise nach Tansania planten. Das konnte jetzt in Angriff genommen werden.

Dieses Mal wollten Hans, Fanos Papa, und Sandra, seine Schwester, mitfliegen. Sie wollten Fanos Heimat kennen lernen. Schon immer waren sie an der Missionsarbeit dort interessiert gewesen. Erika, die Mutter, blieb lieber zu Hause. Friedhelm und ich schlossen uns den Bachdorfern als Reiseleiter an. Es war aber auch ohne Zweifel eine ganze Menge eigenes Interesse unsererseits dabei.

Wochen vorher war der Reiseplan das Gesprächsthema. Dass er seine Mutter wiedersehen würde, stand fest. Aber dann kam das Problem: Wie war es mit den Brüdern? Der Stiefvater hatte sie bei der Trennung von der Mutter mitgenommen. Diese schönen, klugen Kinder waren seine

Kinder. Er wollte sie behalten. Aber es waren auch die Kinder von Fanos Mutter – also seine Geschwister. Rechtlich war nichts geregelt worden. Aber Fano, Friedhelm und ich wollten die Kinder sehen. Regelmäßig hatten wir ihnen unter der Adresse ihres Vaters Pakete geschickt, die er uns brieflich bestätigt und für die er sich bedankt hatte. Wenn wir also Michael, Israel und Abel treffen wollten, mussten wir auch ihren Vater treffen. Und hier lag Fanos Problem: Dieser Mann war es gewesen, der Fano gequält und drangsaliert hatte. Wie sollte er ihm jetzt begegnen? Das war unser Gesprächsthema.

Behutsam versuchten wir, Fano zu helfen, dem Vater zu vergeben. Das war ein harter Kampf für ihn, und es brauchte Zeit, um zu reifen. Eines Tages aber war er bereit dazu. Fano drückte das so aus: „Ich will ihm vergeben, was er mir angetan hat. Aber was er meiner Mutter angetan hat, das vergebe ich ihm nicht." Als wir ihm erklärten, dass niemand dies von ihm erwarte, sondern seine Mutter eines Tages dem Mann selbst vergeben würde, fiel eine Last von ihm ab und er konnte sich auf die Reise freuen.

Im Juli 1993 ging es los. Wir wohnten zuerst in Dar-es-Salaam in einer leer stehenden, aber gut ausgerüsteten Wohnung im Inderviertel der Stadt. Mariamu kam, um uns zu versorgen. Abends verschwand sie dann wieder in einem Stadtviertel, das sie uns zunächst nicht zeigen wollte. Wir sahen es erst später. Mit dem Lehrer Kilango vereinbarten wir ein Treffen im Stadtzentrum, und zwar im Garten des *New-Africa-Hotel*. Das war in der deutschen Kolonialzeit der Kaiserhof gewesen. Hier konnten wir uns nicht verfehlen.

Fano (links) mit seinen Brüdern
und Lehrer Kilango (Juli 1993)

So kam es dazu, dass wir einträchtig beisammen saßen: Friedhelm und ich als Großeltern, Hans, Sandra und Fano. Außerdem der Lehrer Kilango mit seinen drei Söhnen und Joyce, Mariamus 5-jähriger Tochter. Sie war ein Jahr nach der Trennung von Kilango geboren worden. Sie wich nicht von Sandras Seite.

Als ich die Kilango-Kinder sah, wurde ich sehr traurig. Wie jämmerlich sahen sie aus! Heruntergekommen und vernachlässigt, das war offensichtlich. Fano war nur zwei Jahre älter als Michael, aber er sah wie fünf Jahre älter aus, gesund und gut aussehend. Was für ein Unterschied! Wir hatten die Kinder zum letzten Mal gesehen, als wir 1986 zu der Konferenz in Mbesa waren und Fano gesagt hatte: „Oma, nimm mich mit!“ Als wir dann hier im *New-Africa-Hotel* zusammensaßen, konnten wir nichts anderes für sie tun, als ihnen Fanta und Obstsaft zu bestellen und dazu guten Kuchen. Zwar half die schöne Umgebung in dem gepflegten Garten dazu, dass wir Erwachsene uns gelockert unterhielten, während die Kinder mit ihrem Strohhalm den Saft genossen. Plötzlich wandte der Lehrer Kilango sich Fano zu. Ich erschrak. Was wollte der Mann? Er fragte nur: „Fano, hast du Lust, dir mal meine Schule anzusehen? Ich würde, dich auch gerne meinen Kollegen vorstellen.“ Zu meiner Verwunderung war Fano gleich bereit mitzugehen. Da reagierte Hans schnell und sagte: „Die Schule würden wir auch gerne sehen! Wir kommen mit!“ – „Gut“, meinte Kilango, „dann fahren wir alle zusammen.“

Da uns Alten aber nicht so viel an der Schule gelegen war und es wahrscheinlich auch eine längere Fahrt würde, machten wir es folgendermaßen: Der Lehrer fuhr mit Hans, Sandra und Fano hinaus in den Vorort zu seiner Schule, und Friedhelm und ich blieben bei den Kindern. Damit waren alle zufrieden. Abends wollten wir uns dann wieder im *New-Africa-Hotel* treffen. Kilango nahm Fano an den Arm und sagte: „Jetzt rufen wir zwei erst ein Taxi." Ich hielt den Atem an, als die beiden zusammen aus dem Garten gingen. Aber es dauerte nicht lange, da kamen sie vorgefahren. Hans und Sandra stiegen ein und weg waren sie.

Jetzt schlug Friedhelm den drei Kilango-Buben vor: „Habt ihr Lust, mit mir zu den Läden zu gehen? Wir wollen mal sehen, ob es hier Kinderschuhe gibt." Alle drei nickten zustimmend. Nur Joyce meinte, sie wüsste einen Laden, wo es rote Hütchen gäbe, die ihr so gut gefielen. „So, so", meinte der Friedhelm, „den Laden zeige uns mal." Voller Erwartung zogen wir los. Ich hatte Joyce an der Hand und der Opa Israel und Abel. Michael war schon so groß, er brauchte nicht geführt zu werden.

Wenn Friedhelm und ich aber meinten, dieser Ausflug wäre erholsamer gewesen als der Trip mit dem Lehrer, dann hatten wir uns gründlich getäuscht. Für uns Ältere und auch für die Kinder war der Einkaufsbummel eine große Anstrengung. Was es da alles zu sehen und zu kaufen gab außer Schuhen und roten Hütchen! Das Resultat war, dass die vier Kinder nicht wiederzuerkennen waren: von Kopf bis Fuß neu eingekleidet. Und das alles auf offener Straße. An wohlmeinenden Ratgebern hatte es nicht gefehlt. Während ich versuchte, für jeden noch ein Hemd zu finden, das passte und auch gefiel, setzte sich Friedhelm auf einen Karton am Straßenrand und wischte sich den Schweiß ab. Zuletzt bekamen die Jungen noch ein lustiges Käppi und Joyce ihr Traum-Hütchen. Dann durfte der Opa alles bezahlen. Er handelte noch mit den Verkäufern, wie es sich gehörte, und dann zogen wir los Richtung *New-Afrika-Hotel*. Aber unterwegs hatten wir noch mal einen längeren Aufenthalt, als wir am Stand mit den Spielwaren vorbei kamen. Da gab es für jeden Kilango-Jungen noch ein Spielauto und für Joyce eine kleine Puppe. Jetzt waren die Hände voll und die Beine müde. Gut, dass der freundliche Kellner im Gartenrestaurant immer noch Fanta für uns hatte.

Etwas später als wir kam auch die Gruppe unter Führung des Lehrers wieder zurück. Sie schienen mir etwas bedrückt zu sein, und Sandra sah ziemlich verweint aus. Aber derlei Gedanken wurden überspielt durch die Freude der Kinder, als sie ihrem Vater das Spielzeug und die neuen Kleider zeigen konnten. Auch Lehrer Kilango schien zufrieden zu sein. Joyce flog in Sandras Arme und wischte ihr eine Träne ab.

Wir verabschiedeten uns jetzt. Lehrer Kilango ging mit seinen Söhnen zur Bushaltestelle und wir Richtung Inderviertel. Über den guten Verlauf des Treffens waren wir froh, und Fano fühlte sich sehr erleichtert, dass er seinem früheren Stiefvater frei begegnen konnte, weil er ihm schon im Voraus vergeben hatte. Fano meinte später: „So übel ist er doch nicht.“

Wir konnten an diesem Tag erleben, wie wichtig Vergebung ist. Wenn Gott uns in Jesus Christus die Sünden vergeben hat, dann müssen auch wir einander vergeben. Und wenn wir es nicht können? Gott sieht unsere Bereitschaft und möchte uns helfen, diesen wichtigen Schritt zu tun. Wie Fano dürfen wir dann den anderen mit ganz neuen Augen sehen.

von links: Mein Mann, Michael, Fano mit Israel und ich mit Joyce (1993)

Geister in der Schule

Wieder zurück in unserer Ferienwohnung trafen wir Mariamu. Sie hatte uns erwartet und schon den Tisch gedeckt. Jetzt ging das Erzählen los: Bei dem Besuch von Lehrer Kilangos Schule hatte es Aufregung gegeben. Und das kam so:

Nach einer langen Fahrt aus der Stadt hinaus kamen sie endlich auf dem Schulgelände an. Die Klassenräume lagen in Hufeisenform um einen großen offenen Platz. Der Fahnenmast stand in der Mitte. Jeder Klassenraum glich einer niedrigen Baracke. Die Kinder hatten gerade Unterricht, und man hörte die Stimmen der Lehrer aus den zum Hof hin weit geöffneten Fenstern.

Einer der Lehrer kam heraus und begrüßte Lehrer Kilango. Der stellte die Besucher vor: „Das ist mein ältester Sohn. Er studiert in Deutschland und das ist sein Pflegevater und dessen Tochter.“ Dann bot der diensthabende Lehrer den Besuchern eine Klasse zur Besichtigung an. Kilango und Fano gingen voran, Hans und Sandra als letzte hinterher. Die Kinder sprangen auf von ihren Bänken und sagten im Sprechchor: „*Good morning, teacher.*" Kilango war nämlich der Schulleiter.

Und dann geschah es: Sobald Sandra den Klassenraum betrat, brachen die Kinder in lautes Schreien aus. Die hellblonde Sandra erschien ihnen wie ein Geist aus einer anderen Welt. Die Kinder schrien: „*Djini, djini!*" Der Schrei war auf dem ganzen Schulgelände zu hören, und es brach Panik aus. Die Kinder sprangen über Tische und Bänke und zum Fenster hinaus auf den Schulhof, denn die Tür war durch die Besucher versperrt. Mit Entsetzen beobachtete Sandra, wie Lehrer Kilango Anweisung gab, dass alle Lehrer die Kinder nun mit Stöcken wieder in die Klassenräume hineintreiben sollten. Das geschah auch umgehend. Sandra konnte das nicht mit ansehen. Sie fiel dem nächsten Lehrer in die Arme und versuchte, ihn am Schlagen zu hindern. Dabei weinte sie und rief laut in Deutsch: „Aufhören, aufhören! Die Kinder sollen nicht meinetwegen geschlagen werden."

Das Chaos wurde dadurch nur noch größer. Die Situation war Kilango sehr peinlich. Er ordnete an, dass die Lehrer aufhörten, die Kinder zu schlagen, und nach einer Weile herrschte wieder Ordnung. Dann versuchte er, Sandra zu erklären, dass manche Kinder noch keine weiße Menschen gesehen hatten, aber dass alle an *Djine* – böse Geister – glaubten. Und solche Wesen hatten keine Farbe. Sandra weinte und weinte und die Besichtigung wurde schnell beendet. Erst abends, als wir zum Tagesabschluss unsere gemeinsame Andacht hielten, konnte auch Sandra für die Schulkinder und ihre Lehrer beten. Und Fano war froh, dass er nicht in diese Schule gehen musste.

Einige Tage blieben wir noch in Dar-es-Salaam. Wir besichtigten die Stadt, besuchten Freunde und alte Bekannte, besuchten den afrikanischen Gottesdienst und genossen das Meer und den herrlichen Sand- und Palmenstrand. Das war für unsere Siegerländer Freunde immer wieder Ursache zur Freude. Überallhin begleiteten uns Mariamu und ihr Töchterchen Joyce. Nach etwa einer Woche trennten wir uns. Wir Touristen wollten weiter nach Süden in unser ehemaliges Missionsgebiet. Mariamu und Joyce blieben zurück und warteten auf unsere Rückkehr.

Kaum waren wir abgeflogen, da rief Erika aus Bachdorf in unserer Ferienwohnung an. Mariamu war am Telefon. Das war das erste Mal, dass die beiden Mütter miteinander sprachen. Gut, dass Mariamu deutsch sprechen konnte. Sie unterhielten sich wie alte Bekannte. Erika bedauerte, dass sie uns verpasst hatte, denn im Süden, wohin wir gerade reisten, gab es keine Möglichkeit zu telefonieren. Mariamu versuchte, Erika zu trösten, und sagte: „Mich haben sie zurückgelassen. Ich konnte nicht mit nach Mbesa. Das tut mir auch Leid." So vertrösteten sich beide auf unsere Rückkehr.

Für uns folgten nun zwei ereignisreiche Wochen. Wir besuchten mehrere Missionsstationen und blieben in dem Dorf, wo Fano geboren war. Obgleich wir viele seiner Verwandten trafen, fühlte

Fano sich als Deutscher. Er hatte die Sprache schon vergessen. Zwar verstand er nach einigen Tagen besser, was die Leute sagten, aber er benahm sich wie ein Besucher aus Europa. Er spielte mit den Missionarskindern, bei deren Eltern wir wohnten. Es war für ihn kein Nach-Hause-Kommen, sondern ein Besuch so wie auch für seinen Papa und seine Schwester Sandra. Die alten Leute sagten: „Der Junge ist ein schwarzer Europäer geworden." Und sie hatten Recht.

Vor unserem Rückflug nach Deutschland verbrachten wir noch einmal einige Tage in Dar-es-Salaam. Das war besonders gut für Mariamu, denn sie lebte in ungeordneten Verhältnissen. Obwohl wir das nicht grundsätzlich ändern konnten, war doch manch langes Gespräch eine Hilfe für sie. Nach unserem Abflug begann sie, Ordnung zu schaffen, und ihr Leben nahm eine gute Wende. Unser Gebet für sie war: „Herr, schicke deine Leute zu ihr, damit die sie wieder zu dir führen." Gott erhörte auch dieses Gebet. Egal, wie alt seine Kinder sind, er hilft in jeder Not.

Als wir fünf Afrikareisenden wieder in Frankfurt landeten, waren wir froh, zu Hause angekommen zu sein. Erika freute sich besonders, dass sie ihren Mann und ihre Kinder zurückbekam.

„Gut, dass ich Fano habe“

Durch die Verbindung mit der Familie Farg kam es nicht nur zu einer guten Veränderung für Fano, sondern auch für Friedhelm und mich. Wie Erika, Hans und ihre Kinder Fano mit offenen Armen und Herzen voll Liebe aufgenommen hatten, so nahmen sie auch uns als Fanos Großeltern an. Dass wir zu ihren großen und zahlreichen Familiefesten eingeladen wurden, schien ihnen selbstverständlich zu sein. Wir aber sahen es als Vorrecht an und freuten uns darüber. Und wenn bei uns gefeiert wurde, halfen Erika durch selbst gebackene Kuchen und die Kinder durch Beiträge zum Programm. Zu meinem 70. Geburtstag sang sogar der Bachdorfer Familienchor. Das machte uns glücklich und dankbar. Die ganz praktische Hilfe in Form von Holz für unseren Kachelofen und Hilfe bei Renovierungsarbeiten darf nicht vergessen werden. Dadurch wurde das Band zwischen Fano und uns sehr gefestigt. Statt einer Trennung durch die Adoption wurde ein festes Band geknüpft.

Als dann mein Mann zunehmend kränker und schwächer wurde, war uns die Anteilnahme der Lieben aus Bachdorf noch wertvoller. Dann musste Friedhelm ins Krankenhaus. Bei den Fahrten vom Westerwald nach Limburg unterstützten Erika und Hans mich regelmäßig. Und auf Fanos Begleitung konnte ich mich verlassen.

Nach kurzer Zeit kam es dann, dass ich mit Fano an Friedhelms Sterbebett saß. Ich betete still, aber Fano rief laut den Herrn an und weinte bittere Tränen um seinen geliebten Opa. Wir blieben auf der Intensivstation, bis Friedhelm seinen letzten Atemzug tat. Nun blieb uns nichts anderes übrig, als die Sachen zu packen und schweren Herzens nach Hause zu fahren. Schon bei der Fahrt dachte ich: *Wie gut, dass ich Fano bei mir habe.* Dann gab es viel zu erledigen, zu telefonieren und zu schreiben. Viele liebe Menschen halfen mir – aber Fano war bei mir.

Zwei Tage vor der Beerdigung kam auch Mariamu aus Tansania. Die Beisetzung selbst glich einem großen Fest, an dem viele Verwandte und Freunde teilnahmen. Bei der Nachfeier, nach dem Kaffeetrinken im Dorfgemeinschaftshaus, wurden Lieder gesungen und Ansprachen gehalten. Während einer Pause hörte ich hinter mir einen sanften, traurigen Gesang. Verwundert sah ich mich um. Wer singt denn da? Es war Fano, der seinem Opa ein Abschiedslied sang. Es berührte mich tief und tröstete mich.

Nun war ich allein in Rehe. Mariamu blieb noch einige Wochen bei mir. Dann musste auch sie Abschied nehmen. Es kam die Zeit, dass ich mein Haus ausräumte und verkaufte, um eine Wohnung im Altersheim zu nehmen. Fano half mir, den Keller zu räumen. Das war die Arbeit, vor der mir am meisten graute. Auch dabei dachte ich: *Wie gut, dass ich Fano habe.* Und ich habe ihn heute noch, wenn er mich ab und zu in meiner kleinen Wohnung besucht.

Auch daran hatte Gott gedacht, als er Fano von Tansania nach Deutschland brachte, dass er mir eine Hilfe in schweren Stunden würde. So treu sorgt unser Vater im Himmel für uns.

Ausbildung

Nach dem Schulabschluss an der Realschule fühlte Fano sich im Vergleich zu seinen Klassenkameraden zu alt, um weiter auf die Schule zu gehen und Abitur zu machen. Jetzt spürte er, dass ihm bei der Einschulung in Deutschland einige Jahre gefehlt hatten. Er wollte nicht weiter zur Schule gehen, obwohl er die Möglichkeit gehabt hätte. Also meldete er sich zum Zivildienst im Evangelischen Krankenhaus. Der Antrag wurde bewilligt und das Krankenhaus nahm ihn an.

Mit großer Freude tat er seinen Dienst. Jetzt entwickelte er auch andere Interessen, als er sie als Kind gehabt hatte. Zum Beispiel wurde er ein begeisterter Fußballspieler. In der Mannschaft hatten ihn alle gerne. Er begann davon zu träumen, einmal Nationalspieler zu werden. Der Traum war ausgeträumt, als er sich beim Spielen einen Kreuzbandriss zuzog. Er musste operiert werden und hatte auch danach noch viele Schmerzen. Aber es gab noch anderen Zeitvertreib nach der Arbeit. Nur für die Bibelstunden und die

Spaziergänge mit seinen Eltern blieb keine Zeit mehr. Darüber waren sie traurig.

Nach seiner Zivildienstzeit übernahm ihn das Krankenhaus in die Ausbildung als Krankenpfleger. Jetzt konnte er ein Zimmer im Schülerwohnheim beziehen. Das gefiel ihm gut. Dass er zu Hause auszog, gefiel seiner Mutter Erika aber gar nicht, denn es war die Zeit gekommen, dass aus dem Hause Farg die Kinder auszogen. Thomas, der große Bruder, heiratete. Das war wieder Anlass zu einem großen Fest. Während der Trauung von Heike und Thomas sang Fano in der großen Kirche ein Solo. Sandra war schon ausgezogen, um sich als Hebamme ausbilden zu lassen. Aber alle drei Fargs-Kinder – auch Thomas' junge Frau – kamen immer wieder gerne zu den Eltern nach Bachdorf. Fano besuchte sie wohl am meisten. Keiner kochte so gut wie seine Mama, und wie sollte er sonst die Wäsche sauber kriegen? Zu Hause stand die Tür für ihn immer offen.

Aber als dann auch Sandra heiratete und mit ihrem Mann weit weg zog, lag Fano immer weniger an seinem Elternhaus. Was keiner gedacht hätte, begann jetzt: Fano nabelte sich ab und wollte in Zukunft seinen eigenen Weg gehen.

Nach der Ausbildung übernahm ihn die Krankenhausverwaltung in ein Arbeitsverhältnis. Das war ja ein gutes Zeugnis für sein Verhalten in der Ausbildungszeit. Aber er musste aus dem Schülerwohnheim ausziehen und dort Platz machen. Also nahm er sich eine kleine Wohnung in der Stadt. Inzwischen hatte er den Führerschein und auch ein Auto. Es sah aus, als wäre Fano jetzt ein „gemachter Mann“.

Er merkte nun aber auch, dass Freiheit ihren Preis hat. Er hatte viele Freunde, war großzügig und auch etwas leichtgläubig. Mehr und mehr suchte er seine Freunde unter anderen Ausländern, am liebsten Afrikaner. Immer wieder nahm er welche in seine Wohnung auf, bis er merkte, dass ihn das zum Bankrott führte. Er freundete sich auch mit hübschen Mädchen an und dachte wohl darüber nach, nicht nur mit weißen Mädchen auszugehen, sondern eines Tages auch einmal ein solches zu heiraten.

Seine Eltern beobachteten diese Entwickelung mit großer Sorge. Einmal kam Fano nach Hause und sah, dass seine Mutter geweint hatte. Er fragte sie: „Weinst du meinetwegen?“ Sie nickte unter Tränen. Das berührte ihn tief, aber es änderte seinen Lebensstil nicht. Mehr als einmal meinten Erika und Hans, ihre Geduld mit Fano sei erschöpft. Aber immer wieder öffneten sie ihm ihr Haus. In ihrem Herzen hatte er ja längst einen festen Platz gefunden.

So wartet Gott auch mit großer Liebe und Geduld auf uns, wenn wir krumme Wege gehen. Seine Tür steht immer für uns offen und auch in seinem Herzen ist der Platz für uns sicher.

Afrika ruft

Fano war nun schon fast 20 Jahre in Deutschland. Er hatte eine gute Arbeit als Pfleger in einem Krankenhaus, sprach perfekt deutsch und schien zufrieden zu sein. Und doch bohrte eine Unruhe und Sehnsucht nach Afrika in ihm. Afrika war für ihn allerdings Vergangenheit, frühe Kindheit. So, wie es gewesen war, als er mit seinen Geschwistern ums Dorf herum gespielt hatte und sie sich abends im Haus versteckt hielten, wenn die Löwen kamen. Dass sein Stiefvater ihn geschlagen und gequält hatte, war in den Hintergrund getreten.

Im Januar 2004 meinte er, es sei an der Zeit, noch einmal nach Tansania zu fliegen, um seine Mutter und die Geschwister wiederzusehen. Er besuchte mich in meiner Wohnung im Altersheim, wohin ich nach dem Tod meines Mannes gezogen war. Ich bestärkte ihn in seinem Plan, und es war klar, dass wir diese Reise zusammen machen würden. Also meldete Fano seinen Urlaub im Krankenhaus an, und der Flug wurde für Juni gebucht.

So ging alles seinen gewohnten Gang – für Fano im Krankenhaus und für mich im Altersheim, bis eines Tages im Februar bei mir das Telefon läutete. Da sagte ein mir fremder Mann: „Mein Name ist Heiko. Ich will Ihnen mal eine Geschichte erzählen.“ Aber ich war vorsichtig. Gerade hatte der Heimleiter uns empfohlen, bei belästigenden Anrufen einfach aufzulegen. Also sagte ich laut und energisch: „An ihrer Geschichte bin ich nicht interessiert. Ich will sie nicht hören!“ Sofort kam die Antwort: „Doch, das wollen Sie doch. Es geht um Fano!“ Schlagartig änderte sich die Lage. „Was? Um Fano? Dann erzählen Sie mal!“ Und jetzt hörte ich die Geschichte, gegen die ich mich kurz zuvor gewehrt hatte. Da erzählte nun dieser Fremde: „Ich bin Deutscher, lebe in Köln und bin mit einer tansanischen Frau verheiratet. Meine Frau Juliane ist eine Verwandte von Fanos leiblichem Vater Naman. Und dieser Mann sucht jetzt seinen Sohn.“

Diese Nachricht schlug bei mir ein. Nach Fanos Geburt vor 26 Jahren hatte ich zusammen mit Mariamu diesem Mann einen Brief geschrieben. Damals war er Medizinstudent in dem Krankenhaus, in dem Mariamu Schwesternschülerin war. Die beiden jungen Leute hatten sich kennen und lieben gelernt. Als Mariamu dann schwanger wurde, war sie von der Schule verwiesen worden. Für sie war es eine Katastrophe gewesen. Wenn das Ehepaar Brinkmann sie in ihrem Zustand nicht aufgenommen hätte, wäre sie heimatlos gewesen. Nun wurde ihr Kind auf der Missionsstation geboren. Ein gesunder, schöner Junge. Davon sollte auch der Vater des Kindes informiert werden. Der Brief aus dem tiefen Süden ging nach Nordtansania. Dazwischen lagen Welten. Eine Antwort kam nie. Für Mariamu und uns war das eine Enttäuschung und Ernüchterung. Es war uns auch klar, dass es nicht zur Kultur und den Bräuchen des Landes gehörte, dass ein christlicher Mbulu-Mann ein Yao-Mädchen aus dem islamischen Süden heiratete. Das verstanden wir mit dem Kopf, aber im Herzen blieb die Verletzung.

Nun waren inzwischen 27 Jahre vergangen. Mariamu hatte den Lehrer Kilango geheiratet. Nach dem damaligen Medizinstudenten Naman war nie wieder geforscht worden. Was würde Fano zu der Nachricht sagen, dass Naman ihn suchte? Ich wartete ab, bis Fano mich besuchte. Da erzählte ich ihm von dem überraschenden Anruf und von Naman. Dieser fremde Mann war sein Vater, und der suchte ihn. Fano war erschüttert, als er diese Nachricht hörte. Er zitterte am ganzen Körper.

So bald wie möglich, fuhren wir zu der Familie nach Köln. Juliane, die Mbulu-Frau, erzählte Fano von seinem Vater Naman und dessen Familie. Sie hatte auch Bilder von dem Krankenhaus, wo Naman nun Lehrer an der Krankenpflegeschule war, an der Fanos Mutter Mariamu gelernt hatte. Fano hörte sich alles an. Und dann fuhr er zurück zu seinen Siegerländer Eltern. Er kannte keinen anderen Platz in der ganzen Welt, wohin er gehörte. Namans Verwandte in Köln blieben aber in

Kontakt mit Fano und ebenso mit Naman. Dadurch erfuhr der, dass sein Sohn und dessen deutsche Großmutter im Juni nach Dar-es-Salaam kommen würden.

Über diese Nachricht freute Naman sich sehr. Er wusste auch, dass Fano in Begleitung käme, und ihm war klar, dass diese Reise schon geplant gewesen war, ehe Fano von Naman wusste. Es war also alles offen, was das Treffen mit seinem Sohn anging. Hinzu kam, dass zwischen Dar-es-Salaam und Namans Heimatort Mbulu fast 1000 km lagen. Diese Entfernung war länger als eine Tagesreise mit dem Bus oder Auto. Ob Fano wohl bereit war, diese Reise zu machen?

Naman war zuversichtlich. Er hatte schon länger dafür gebetet, dass Gott ihn seinen Jungen sehen lässt. Er wusste, dass er damals falsch gehandelt hatte, als er das Yao-Mädchen in der Schwangerschaft verstoßen und sich nicht mehr um sie gekümmert hatte. Einige Jahre nach der Affäre mit Mariamu, als sein Studium abgeschlossen war, hatte er ein junges Mädchen aus dem Mbulu-Stamm geheiratet. Sie hatten jetzt 3 Söhne und 2 Töchter. An der jüngsten Tochter hatte er besondere Freude. Er liebte sie und hatte sie *Grace* – Gnade – genannt.

Mit Besorgnis beobachtete er, wie Grace, sein Liebling, von jungen Männern umworben wurde. Wenn einer von denen es wagen würde, mit ihr zu spielen oder sie schlecht zu behandeln, dann würde er eingreifen. Aber da regt sich sein Gewissen. Und er selbst? Wie hatte er sich benommen?

Er bekannte Gott seine Schuld und bat ihn um Vergebung. Wie und wo lebte jetzt Mariamu? Und was war aus dem Kind geworden? Zur Wiedergutmachung gehörte auch, dass er sich um seinen ältesten Sohn Fano kümmerte und – wenn möglich – auch um dessen Mutter. In Gedanken zählte er Fano schon zu seiner Familie. Mit seiner Frau besprach er alles. Sie verstand ihren Mann und versuchte, ihm zu helfen.

Naman hatte erkannt, wie wichtig es war, die Folgen seiner Sünde wieder in Ordnung zu bringen. Das geht nicht mehr bei allen unseren Sünden, aber wo es möglich ist, sollten wir das tun. Gott beschenkte Naman reich dafür. Wenn wir verstehen würden, dass Gott auch uns reich segnen möchte, würden wir nicht so lange zögern und andere auch um Vergebung bitten.

Zuerst musste Naman mit seinen Neffen in Dar-es-Salaam Kontakt aufnehmen. Sie waren die erwachsenen Söhne seines verstorbenen älteren Bruders. Er telefonierte mit Samuel, den er als vertrauenswürdig und zuverlässig einschätzte. Samuel freute sich, von seinem Onkel zu hören. Er kannte das Gästehaus, wo Fano und ich wohnen würden. Nun konnte Naman nur noch abwarten, wie sich alles entwickelte. Er hatte gelernt, Gott zu vertrauen.

6000 km weiter nördlich auf der Erdkugel rüsteten Fano und ich uns für die Reise nach Tansania. Es war nicht das erste Mal, dass wir ein Flugzeug bestiegen. 1957 war ich mit meinem Mann zusammen nach Ostafrika gereist. Damals mit dem Schiff. Da hieß das Land noch Tanganyika und war eine Kolonie unter Britischer Verwaltung. Fast 20 Jahre hatten wir dort als Missionare gearbeitet. In dieser Zeit hatten wir auch Mariamu als Pflegekind angenommen. An Adoption war zur Kolonialzeit nicht zu denken. Es war schon außergewöhnlich, ein schwarzes Kind als eigenes im Haus zu haben.

Erinnerung an vergangene Tage: mit Mariamu in der Krankenpflegeschule (1976)

Später, als wir schon nach Deutschland zurückgekehrt waren, flogen wir öfter zu Besuch oder zu Missionskonferenzen nach Tansania. Und auch Fano selbst war schon zweimal bei seiner afrikanischen Mutter zu Besuch gewesen, als er schon im Siegerland adoptiert war.

Mama und Papa Farg brachten uns zum Flugplatz. Der Abschied war nicht dramatisch. Nach drei Wochen wollten wir ja schon wieder zurückkommen. Trotzdem war es aufregend, in Frankfurt das Flugzeug zu besteigen. Ehe Fano und ich an Bord gingen, fragte ich Fano: „Hast du Naman informiert?“ Er antwortete nur: „Der weiß Bescheid.“ Das war es.

Wir flogen während der Nacht. Den Anflug auf Dubai wird wohl niemand vergessen, der ihn einmal erlebt hat. Man fliegt auf etwas zu, das nicht in diese Welt zu passen scheint: ein glitzernder, funkelnder Diamant liegt dort unten in der Wüste. Das sind der Flughafen und die Stadt Dubai. Fano fühlte: „Jetzt beginnt etwas Neues in meinem Leben.“

In der prächtigen Ankunft- und Abflughalle hatten wir einige Stunden Aufenthalt. Obwohl es mitten in der Nacht war, dachte niemand an Schlaf. Hier traf sich die Welt. Menschen aus aller Herren Länder mussten hier in andere Flugzeuge umsteigen. Da gingen Flüge nach Ostasien, nach Indien und Pakistan und auch nach Frankfurt, London, Oslo und Kopenhagen, nach Rom und Paris.

Die Wartestunden vergingen schnell, bis der

Flug nach Nairobi angezeigt wurde. Eine arabische Stewardess gab uns noch eine Tasche fürs Handgepäck. Mit goldenen Lettern prangte auf der Tasche der Name der Fluggesellschaft. Wir konnten an Bord gehen und weiter bis Nairobi fliegen. Hier ging es schon bescheidener zu. Aber es gab auch keinen Aufenthalt, kein Umsteigen. Die meisten Passagiere verließen das Flugzeug. Es waren Afrikaner, Asiaten und Europäer. Nur wenige blieben sitzen wie Fano und ich.

Nun begann die letzte Etappe der Reise: Nairobi – Dar-es-Salaam.

Fano mit seinen beiden Müttern (2000):
links Erika, rechts Mariamu

Ankunft in Dar-es-Salaam

Bei uns wuchs die Spannung. Wie wird die Landung sein? Werden wir bei der Einwanderungsbehörde ein Visum bekommen? Vor allen Dingen aber: Wer würde uns abholen? Ob vielleicht Naman schon gekommen war? Würden wir ihn erkennen? Fano dachte: *Er ist der Mann, der sagt, er sei mein Vater. Stimmt das überhaupt? Das kann ja schließlich jeder behaupten. Wie soll ich das wissen?*

Vielleicht würde Michael kommen, Fanos Halbbruder. Er wohnt in Dar-es-Salaam. Den Begriff „Halbbruder" gibt es in der Suaheli-Sprache nicht. Man sagt dort: Wir sind Brüder, wir kommen aus einem Bauch. Michael und Fano kennen sich gut und lieben sich.

Hier in Afrika steht vor Fanos innerem Auge wieder lebhaft die Zeit, als er mit seiner Mutter und den jüngeren Brüdern im Buschdorf lebte. Da war Michael sein bester Spielkamerad gewesen. Außerdem war Michael ein Jahr zuvor zu Besuch in Deutschland gewesen. Er hatte versucht, dort eine handwerkliche Ausbildung zu bekommen. Der Versuch war fehlgeschlagen. Wäre er Student gewesen, hätte er bleiben können. So musste er wieder in seine Heimat zurückfliegen. Hier ging er jetzt auf eine Sekundarschule, um einen besseren Abschluss zu bekommen.

In den Wochen, als er in Deutschland gewesen war, hatte er viele schöne Stunden mit Fano verbracht. Er hatte sich auch bemüht, Deutsch zu lernen. Darum konnte Fano jetzt mit ihm reden. Aber wie sollte er hier mit den anderen Menschen reden? Er hatte seine Muttersprache vergessen, und hier in Tansania wurde Suaheli gesprochen.

Fanos Gedanken wurden unterbrochen, als das Flugzeug an Höhe verlor. Der Pilot drehte eine weite Schleife hinaus über den Indischen Ozean. Wunderbar blau sah das Wasser aus. Man konnte die Korallenriffe sehen und hier und da Segel von Fischerbooten. Dann kam die Küste in Sicht, die natürliche Bucht des Hafens und gleich dahinter die Stadt Dar-es-Salaam – Hafen des Friedens. Was würde uns hier erwarten?

Das Flugzeug setzte zur Landung an, die Triebwerke verstummten, die Maschine kam zum Stillstand. Fano war in seiner Heimat. Aber war hier denn wirklich seine Heimat? Gehörte er nicht nach Deutschland, wo seine Familie im Siegerland jetzt für ihn betete? Die Frage war offen, aber jetzt waren wir erst einmal in Tansania.

Bevor wir durch die Einwanderungsbehörde und den Zoll geschleust wurden, sahen wir Michael schon draußen am Fenster der Ankunftshalle.

Wie erleichtert waren wir! Die Formalitäten wurden schnell und reibungslos erledigt. Da half es, dass ich mit den Beamten Suaheli sprechen konnte. Und nun nichts als raus. Dort fielen sich Fano und Michael in die Arme. Sie begrüßten sich mit lautem „*Jambo* – Hallo". Alle Bedrückung fiel von Fano ab und ich freute mich sehr.

Michael kümmerte sich um das Gepäck und rief ein Taxi herbei, und ich wechselte Geld. Nun mit allen Koffern ins Taxi und dann ab in die Stadt. Ich saß vorne beim Fahrer. Wir unterhielten uns, als hätten wir uns schon immer gekannt. Ich freute mich, dass ich jetzt wieder Suaheli sprechen konnte. Fano verstand kein Wort. Aber zum Glück konnte er mit Michael sprechen. Ich wunderte mich nur, worüber die Beiden hinter mir so viel zu lachen hatten und in die Hände klatschten. Sie waren beide glücklich.

Es gab ja so viel zu sehen. Der Schreck, dass das Auto auf der „falschen" Seite fuhr, war bald überwunden. In Tansania herrscht Linksverkehr seit der britischen Kolonialzeit. Je näher wir der Stadt kamen, umso dichter wurde der Verkehr. Bald ging es von einer Straße in die andere, über Kreuzungen und an Ampeln vorbei. Sobald das Auto an einer Verkehrsampel hielt, drängten sich Straßenverkäufer an den Wagen. Kekse, Apfelsinen, Zeitungen und Mobiltelefone – alles wurde angeboten. Die Händler – meist junge Burschen – schleppten alles mit sich herum und machten ein lautes Geschrei, um ihre Ware anzubieten. Dann ging die Fahrt am Hafen vorbei. Große Schiffe gab es dort nicht, aber Dampfer und Fähren, die zu den vorgelagerten Inseln und auch nach Sansibar fuhren.

Fano und Michael

An der Lutherkirche endete die Fahrt. Dahinter lag das Gästehaus, wo ich eine alte Bekannte war. Im Jahr zuvor hatte ich schon einige Wochen hier gewohnt. Da standen sie: Jennifer und Ana von der Rezeption, der Fahrer Yusuf und auch Mr. Cheng, der Chinamann. Ihm gehört das Restaurant im Erdgeschoss. Auch Jonny, der den Stand mit christlicher Literatur am Straßenrand hatte, kam freudestrahlend herbei. Er freute sich, dass die Gäste aus Deutschland gut angekommen waren und sagte: „Wir wollen dem Herrn dafür danken." Mitten in all der Unruhe, aber ungestört vom Straßenlärm, faltete er die Hände und pries Gott. Fano fand das sonderbar, aber für Michael und mich war es ganz normal. Wir sagten laut: „Amen!“ zu Jonnys Gebet.

Dann bezogen wir unsere Zimmer. Michael sollte im Gästehaus mit Fano zusammen im Doppelzimmer schlafen. Nach kurzer Zeit tauchten die beiden wieder auf. Sie wollten noch in die Stadt, um vom Internet-Café aus nach Deutschland zu telefonieren. Ich blieb zurück im Gästehaus, denn zwischen Frankfurt und Dar-es-Salaam hatte ich für den Tag genug erlebt. Davon, dass die beiden zurückkamen, hörte ich nichts.

Hatte Fano sich Afrika so vorgestellt?

Als ich am nächsten Morgen aufwachte und kaum meine Hörgeräte aktiviert hatte, kam er ins Zimmer. Er sah total verschlafen und muffelig aus. Ich fragte ihn: „Stimmt was nicht?“

„Aus meiner Dusche kommt kein Wasser. Läuft es in deiner Dusche?“

„Das habe ich noch nicht ausprobiert. Versuch es mal.“

Er verschwand in der Duschkabine. „Auch nix. Komischer Laden hier.“ Jetzt wollte ich wissen, wo Michael war. Der musste in die Schule und war schon früh losgegangen – ohne Frühstück, daran war er ja gewöhnt. „Und außerdem“, meinte Fano, „hast du schon gemerkt, dass alle Schlüssel falsch herum schließen?“ Ja, das wusste ich noch vom vergangenen Jahr. „Das macht doch nichts. Hauptsache, sie schließen.“ Er verzog sich in sein Zimmer.

Unten beim Chinesen trafen wir uns wieder zum Frühstück. Auch da gab es für Fano Überraschungen. „Haben die hier kein vernünftiges

Brot?“ Jetzt wurde ich ungeduldig und wies ihn darauf hin, dass er hier in Afrika war und nicht im Siegerland an Mamas Tisch saß.

Weil es noch ziemlich früh am Tag war, ließ sich die Hitze gut ertragen. Wir gingen los, um eine Bank zu suchen, wo ich mit meiner Karte Geld holen konnte. Pech! Die Banken waren geschlossen. Der Askari, der das Bankgebäude bewachte, klärte uns auf. „Heute ist *Mauridi*, ein islamischer Feiertag. Alle öffentlichen Büros sind geschlossen. Aber die Geschäfte sind offen.“ Na, dann.

Also gingen wir zurück Richtung Gästehaus. Nur verlor ich auf dem Weg dorthin die Orientierung. Wir hatten uns verlaufen. Inzwischen war es auch noch sehr heiß geworden. Als wir so durch den Staub und Schmutz der Straße dahin trotteten, standen wir plötzlich vor einer hohen Mauer. An dem großen, fest verschlossenen Tor lasen wir auf einem Messingschild die Aufschrift: *Embassy of the German Federal Republic*. Die deutsche Botschaft! Das war für mich ein Lichtblick. Wir brauchten nicht die Hilfe des Botschafters, aber hier arbeitete Erika, unsere Freundin. Genau die Erika, die Fano 1986 geholfen hatte, nach Deutschland zu kommen. Wir freuten uns beide sehr, und ich dankte Gott, dass er uns hierher geführt hatte, obwohl wir meinten, uns verirrt zu haben.

Durch verschiedene Schleusen gelang es uns, aufs Botschaftsgelände zu kommen. Zum Glück konnten wir uns als Bürger der Bundesrepublik

Deutschland ausweisen und außerdem hatten wir eine klare Absicht: Wir wollten mit der Botschaftsangestellten Frau Erika Leitzinger-Siguda sprechen. Als wir dann endlich in das Sprechzimmer gelassen wurden, erschien hinter Panzerglas – nein, nicht Erika, sondern Renate. Die Freude war groß. Renate war auch eine meiner alten Freundinnen. Sie kam aus ihrer kugelsicheren Kabine hervor und begrüßte uns. Mit uns hatte sie nicht gerechnet. Sie sagte uns, dass Erika am Nachmittag Dienst hätte, und wollte ihr eine Nachricht hinterlassen. Außerdem erklärte sie uns, dass wir auch an einem Feiertag Geld bekommen könnten, wenn wir Reise-Checks umtauschten. Und zwar nicht auf einer Bank, sondern in dem großen Touristen-Hotel *Royal-Palms*.

Also ging unser Weg zurück, wieder durch alle Sicherheitskontrollen mit den dazugehörigen Unterschriften. Unser Ziel war jetzt das *Royal-Palms*. Wir fanden es auch etwas abseits vom lauten Stadtlärm in einem bewässerten Park. Am Eingang stand ein Portier, der aussah, als wäre er einem Märchen aus „Tausendundeine Nacht" entsprungen. Er blickte uns misstrauisch an. Gewiss, wir sahen nicht gerade aus wie Fünf-Sterne-Gäste, so staubig und verschwitzt, wie wir waren. Als ich ihn aber nach dem *Cash-Counter* fragte (und das in meinem flottesten Englisch), ließ er uns passieren.

Während ich bei einem Inder meine Reiseschecks in Tansania-Shillings ausbezahlen ließ, hatte Fano Gelegenheit, sich in der Hotelhalle umzusehen. Das war etwas anderes als unsere Unterkunft, das christliche Gästehaus, wo morgens früh kein Wasser aus der Leitung kam und die Schlüssel sich verkehrt herum drehten. Hier sprudelte in der Halle ein Springbrunnen, und die Türen öffneten sich automatisch oder wurden von Lakaien für den Gast geöffnet. Aber hier wohnten wir nicht – schade. Wir mussten die klimatisierte Hotelhalle wieder verlassen, und die Hitze draußen traf uns wie ein Schlag.

Als wir dann müde und hungrig in unserem bescheidenen Quartier ankamen, war wie zum Trost sogar Wasser in der Dusche und beim Chinesen gab es satt zu essen. Das anschließende Mittagsschläfchen tat uns gut.

Von alten Freunden und neuen Verwandten

Nachmittags waren wir bei deutschen Missionaren eingeladen. Wir hatten von ihren Verwandten zu Hause Päckchen und Briefe mitgebracht. Dafür waren sie sehr dankbar. Sie wohnten in dem Missionshaus, das mein Mann in den 60er Jahren für die Missionsgesellschaft gekauft hatte. Es lag ca. 5 km vom Stadtzentrum entfernt, so dass wir ein Taxi nehmen mussten.

Taxi-Fahren in Dar-es-Salaam ist ein Spaß für sich – so sehe ich es zumindest. Für uns, die wir aus Europa kommen, sind die Preise niedrig. Besonders dann, wenn der Chauffeur merkt, dass man im Land Bescheid weiß und die Stadt kennt. Die Taxi-Fahrer sind meist ältere Herren, in der Regel Muslime. Ihre Autos sind noch älter als sie selbst. Diese Fahrer kennen ihr Geschäft. Sie sind freundlich und hilfsbereit und erstklassige Autofahrer. Einige Male passierte es schon, dass der Chauffeur zu mir sagte: „Mama, könntest du mir schon mal einige tausend Shillings vorstrecken? Dann würde ich nämlich noch tanken können, mein Auto hat Durst.“ So wurde es dann auch gemacht.

Als wir zu den Missionaren aufbrachen, gingen Fano und ich über den Hof der Lutherkirche zur Hauptstraße. Da hatte Bruder Jonny seinen Bücherstand, und dort warteten auch die Taxis. Es dauerte nicht lange, bis wir einen Fahrer fanden, der uns nach Upanga brachte. Wir freuten uns, als wir auch Michael dort trafen. Er war von der Schule aus hierher gekommen und brachte uns die Nachricht mit, dass Namans Neffe Samuel ihm eine SMS auf sein Handy geschickt hatte. Er wolle gegen 18.00 Uhr zum Lutherhaus kommen, um uns zu treffen.

Nach dem Kaffee im Missionshaus machten wir uns darum bald auf den Rückweg – wieder per Taxi ins Stadtzentrum. Gespannt warteten wir auf unsere Besucher. Das sollte ja die erste Begegnung mit Fanos neuen Verwandten sein. Und dann kamen sie. In einem feinen Wagen fuhren sie vor. Der erste Eindruck: reiche Afrikaner. Es stiegen aus: Samuel, ein Rechtsanwalt, sein jüngerer Bruder und eine feine junge Dame. Die wurde uns als Fanos Kusine vorgestellt. Nach der etwas steifen ersten Begrüßung mussten wir alle lachen. Fano sah seiner Kusine so ähnlich, dass kein Zweifel mehr bestand, dass sie Verwandte waren. So war die anfängliche Spannung gelöst. Unter Erzählen und Lachen setzten wir uns in ein Gartenrestaurant und bestellten Cola und Fanta. Die Mbulu-Leute (so nannten wir die neuen Verwandten) luden uns drei, Michael, Fano und mich zu sich nach Hause ein. Die beiden Jungen nahmen die Einladung gerne an. Aber ich lehnte sie vorläufig ab, weil ich es mir als Großmutter schließlich erlauben durfte, müde zu sein. Dafür hatten alle Verständnis. So blieb ich im Lutherhaus zurück und war zufrieden.

Am nächsten Morgen sprudelten sie vor Begeisterung über. Das waren reiche Leute, und sie hatten ein feines, großes Haus. Ihr Onkel, Ezra Naman (so war der volle Name von Fanos Vater), hatte per Telefon grüßen lassen. Fano hatte auch selbst mit ihm gesprochen und erzählte nun davon: „Oma, er hat uns alle eingeladen. Du sollst auch mitkommen. Wir fahren mit dem Bus nach Arusha. Dort holen sie uns ab. Stell dir vor, er wohnt ganz nah an der Serengeti." Fano wäre am liebsten gleich losgefahren. Michael musste warten, bis er in wenigen Tagen Schulferien bekam. Er wollte auf jeden Fall mitfahren. Nur ich, die Oma, hatte Bedenken und mahnte zur Besonnenheit. Nach Mbulu würde ich auf keinen Fall reisen, das war mir viel zu weit. Klar, das konnte jeder verstehen. So konnten wir also in Ruhe diesen Tag planen.

An der Rezeption bekamen wir einen Brief. Erika hatte geschrieben und lud uns ein, den kommenden Samstag bei ihr zu verbringen. Schön, wenn nicht der Gedanke an die Mbulu-Reise gewesen wäre. Aber das ließ sich ja regeln. Den Nachmittag verbrachten wir am Strand. Die Jungen konnten im Indischen Ozean schwimmen. Es war sagenhaft schön. Nur Fano wurde immer nachdenklicher. Er sagte: „Gestern Abend und heute morgen war ich ja ganz begeistert von dem Gedanken, zu Naman nach Mbulu zu fahren. Aber je länger ich darüber nachdenke, umso größere Zweifel kommen mir. Wer garantiert mir denn, dass er wirklich mein Vater ist?“

Der Junge tat mir Leid mit seinen quälenden Gedanken. Ich sagte ihm: „Er ist gewiss der Naman, in den deine Mutter verliebt war. Und denk nur, wie sehr du deiner Kusine gleichst.“ Aber der Einwand galt für Fano nicht. „Nein, ich fahre nicht dahin. Ich bin nicht derjenige, der den Mann gesucht hat. Er hat mich gesucht, dann soll er auch kommen.“

Als wir abends wieder mit den Mbulu-Leuten zusammen waren, teilte Fano Samuel seine Bedenken mit. Sie riefen Ezra Naman an und teilten ihm Fanos Entschluss mit. Ezra hörte sich das an und sagte: „Gut. Ich werde versuchen, in meinem Krankenhaus Urlaub zu bekommen. Ich komme, sobald ich kann. Wir bleiben in Verbindung.“ Das hieß für uns, dass wir noch mindestens eine Woche Zeit hatten. In der Woche wollten wir dann unsere Mariamu, Fanos und Michaels Mutter besuchen.

Mariamu wohnte in Njombe, einer Stadt mitten in Tansania – 800 km von der Küste entfernt. Sie lebte dort mit ihren drei jüngeren Kindern, die sie nach der Scheidung von Lehrer Kilango geboren hatte. Natürlich freute ich mich darauf, mein Pflegekind nach langer Zeit noch einmal zu sehen. Aber ich hatte auch noch einen anderen Grund, nach Njombe zu fahren: Mir waren von einer offiziellen Stelle 3000 Euro anvertraut worden. Das Geld war für Straßenkinder und Aidswaisen in Njombe bestimmt. Ich fühlte mich verpflichtet, es persönlich zu übergeben, und wollte das gerne tun. Wir informierten Mariamu über unsere Pläne und freuten uns auf das Wiedersehen.

Der Besuch bei Erika wurde um einige Tage verschoben und wir rüsteten uns für die Reise nach Westen. Das bedeutete: drei Plätze in einem Überlandbus buchen und drei Tickets kaufen. Michael brauchte noch eine Reisetasche oder einen Rucksack, denn seine Schultasche fiel auseinander. Unsere Zimmer im Lutherhaus wollten wir gerne behalten, also reservierten wir bis zu unserer Rückkehr. Das ließ sich machen.

Wo ist Fano?

Am Freitagmorgen um 5 Uhr wollten wir mit dem Taxi zum Busbahnhof fahren. Ich wachte um 4.30 Uhr auf, machte mich fertig und ging rüber, um die Jungen zu wecken. Gut, sie hatten schon Licht gemacht. Aber was war das? Michael saß allein auf seinem Bett, den Kopf in die Hände gestützt. „Wo ist Fano?“, fragte ich. „Er ist weg. Ich habe ihm gesagt, er soll nicht fortgehen. Aber er hat nicht auf mich gehört“, war die Antwort.

Ich glaubte, mich würde der Schlag treffen. Was tun? Fano war allein in Dar-es-Salaam, ohne Adressen oder Telefonnummern. Andere hatten ja immer alles für ihn erledigt. Er konnte die Sprache nicht, und ob er Geld hatte, bezweifelte ich. Was sollte daraus werden? Augenblicklich überfielen mich die fürchterlichsten Schreckensvorstellungen.

„Also, Michael, du musst hier bleiben und dich um ihn kümmern. Ich fahre allein.“ Das war mein fester Entschluss. Michael nickte bekümmert. Wir beteten noch zusammen, befahlen Fano der Gnade

Gottes an und baten um Bewahrung für Michael hier und mich auf der weiten Reise. Mir war total elend zumute. Ich brauchte kein Frühstück mehr. Unten wartete das Taxi. Einsteigen und abfahren, es war höchste Zeit. Der Bus würde nicht auf mich warten.

In der Wartehalle des Busbahnhofs herrschte hektisches Treiben. Die Busse warteten draußen auf dem weiten Platz. Es ging in alle Himmelsrichtungen – nein, nicht in alle Himmelsrichtungen, denn im Osten lag ja der Indische Ozean. Und meine Reise ging nach Westen, nach Njombe.

Da saß ich also auf der langen Wartebank, eingekeilt zwischen zwei Afrikanern. An einer Wand lehnten einige junge Europäer mit großen Rucksäcken, sonst gab es hier nur Einheimische. Dazu gehörten auch die wenigen Inder und Araber. Aber ich hatte keinen Blick für andere Reisende. Ich saß da – ein Häufchen Elend. Die Reisetasche zwischen die Füße geklemmt und meine Handtasche mit dem vielen Straßenkinder-Geld auf meinem Schoss.

Im Kopf machten sich trübe Gedanken breit. Was würde Mariamu sagen, wenn ich allein ankam? Sicher war sie jetzt schon eifrig dabei, für uns alles vorzubereiten. Wasser holen, Holzkohle, Reis Mehl und Früchte besorgen. Hühner zum Schlachten und Gemüse hatte sie selbst ums Haus herum. Wie sie sich auf ihre großen Söhne freute! Und Fano hatte sie noch nie in Njombe besucht. Und dann ihre Mama! Mariamu musste extra eine neue Toilette für die Mama bauen. Die hatte nämlich gesagt, sie könnte nicht mehr hocken. Klar, sie war ja schon gut über 70 Jahre alt. Gewiss, die Kinder würden ihr helfen und die Nachbarinnen auch. Alle wussten inzwischen, dass die Mama und der älteste Sohn aus Deutschland heute Abend in Njombe ankommen würden. So gingen mir einige Zeit die Gedanken durch den Kopf: *Gott hatte bis hierher alles so gut gelingen lassen. Was war jetzt nur mit Fano los?* Trotzdem wollte ich darauf vertrauen, dass der Vater im Himmel keine Fehler macht und die ganze Situation in der Hand hat. Wie immer, so hat auch Gott damals mein Vertrauen nicht enttäuscht.

Ab und zu schaute ich auf, um nachzusehen, ob der Njombe-Bus schon aufgerufen wurde. Als ich zum Eingangstor blickte, entdeckte ich ein bekanntes Gesicht: Michael! Er arbeitete sich durch das Gedränge und suchte mich. Ich winkte ihm. „Oma, gib mir bitte Geld für mein Taxi. Der Fahrer wartet draußen!“ Ich zog einige 1000-Shilling aus meiner Handtasche und reichte sie ihm. Dieser Bursche! Jetzt kommt er doch noch. Und ich war froh darüber.

Als mein Bus aufgerufen wurde, drängten sich viele Reisende zur Tür. Aber alles ging sehr geordnet zu. Ticket-Kontrolle, die Plätze wurden angewiesen, wie sie gebucht worden waren. Dann verstauten starke Männer das große Gepäck unter dem Wagen. Meine Tasche konnte ich bei mir behalten. Als ich mich mit einem Seufzer auf Platz 15b fallen ließ, stürmte auch Michael herein. So, jetzt konnte es losgehen.

Der große, voll besetzte Bus wurde nun gemächlich auf die Ost-West-Straße in Richtung Westen gelenkt. Hinter uns ging die Sonne auf. Wir fuhren pünktlich los. Zuerst säumten noch Kokospalmen den Straßenrand. Ich dachte an Fano. Wo mochte er sein? War etwas passiert? „Michael“, sagte ich, „du hast doch dein Handy bei dir. Ruf mal im Lutherhaus an, ob er aufgetaucht ist.“ Michael brummte vor sich hin: „Mein Handy ist leer.“ Das war also nichts. Inzwischen kamen die Morogoro-Berge in Sicht. Plötzlich wurde der Bus angehalten. Eine Straßensperre der Polizei: Fahrerkontrolle. Sobald der Bus hielt, drängten sich die Händler an die offenen Fenster. Und was sah ich da? Ein junger Bursche verkaufte Handy-Karten. Schnell zog ich einige Geldscheine aus der Tasche, und Michael kaufte eine Karte für sein Telefon. Schon ging‘s weiter.

Jetzt konnte Michael im Lutherhaus anrufen. Ana sagte, Fano sei gegen 8 Uhr dort aufgetaucht, hätte seine Sachen zusammengepackt und sei ausgezogen. Wohin? Das wusste sie auch nicht. Da hatten wir nun nicht viel erfahren, aber wir wussten, er lebte. Jetzt rief Michael auch seine Mutter an. So war sie wenigstens darauf vorbereitet, dass nur zwei Gäste ankommen würden. Ein ganz klein wenig war ich beruhigt.

Der Tag im Reisebus verging, und ehe die Sonne unterging, erreichten wir Njombe. Trotz der Enttäuschung, dass Fano nicht dabei war, freuten Mariamu und die Kinder sich sehr. Die Leute von der Straßenkinder-Aktion standen auch am Busbahnhof. Sie wussten, dass ich etwas für sie im Gepäck hatte. Am liebsten wäre ihnen gewesen, wenn ich gleich noch am Abend zu ihnen ins Büro gekommen wäre, aber ich vertröstete sie auf den nächsten Tag. Wir gingen mit Mariamu nach Hause, denn an dem Tag war ich für nichts mehr zu gebrauchen.

Die wenigen Tage in Njombe vergingen sehr schnell. Alles wurde geregelt, was zu besprechen war. Sonntags in der Kirche betete der Pastor besonders für Fano. In einem waren wir uns alle einig: Es war für einen jungen Fremden außerordentlich gefährlich, in der Stadt herumzustromern. Und das machte Fano gerade.

Weil die Kinder inzwischen Schulferien bekommen hatten, beschlossen Mariamu und ich, dass sie mit Michael und mir zur Küste fahren sollten. Das würde dann ihr Ferienausflug sein. Also waren wir nun zu fünft: Oma, Michael, Joyce (16 Jahre), Lucky (10 Jahre) und James, der war 8 geworden. Mariamu wollte dann vor unserem Rückflug kommen, und sie wieder abholen.

So ging es wieder die 800 km zurück an die Küste nach Dar-es-Salaam. Wie froh war ich, als wir das Meer wiedersahen. Und noch froher, als Fano in seinem Zimmer auf dem Bett saß. *Danke, o Herr Jesus, dass ich ihn wiederhabe!* Ich schwieg und nahm ihn nur ganz fest in die Arme. Er würde mir eines Tages alles selbst erzählen. Ich hatte aber nicht geahnt, dass dieser Tag ganz nahe war.

Gott belohnt unser Vertrauen immer!

Warten auf Naman

Jetzt konnte für uns die eigentliche Urlaubszeit beginnen. Die Kinder freuten sich sehr, dass sie mit ihren großen Brüdern Fano und Michael am Hafen sitzen, Fanta trinken und dem bunten Treiben zuschauen konnten. Am Spätnachmittag fuhren wir aus der Stadt hinaus an den Strand. Was für ein Vergnügen, im Meer zu baden! Aber ohne Zweifel war es für die Kleinen das größte Vergnügen, dass sie jetzt mit Fano und Michael spielen konnten. Joyce, die große Schwester, hielt sich lieber in meiner Nähe auf. Sie hatte andere Interessen als die Jungen, und wir hatten uns viel zu erzählen.

Jeden Abend nahmen Fano und Michael dann per Handy wieder Kontakt mit dem Vetter Samuel auf, um die neuesten Nachrichten von Naman zu erfragen. Und jeden Abend hieß es, er kommt bald, aber wir wissen noch nicht, wann. Dieses Warten – das berühmte Suaheli-Wort *bado*, „noch nicht" – zerrte an Fanos Nerven. Er war unruhig und unzufrieden. „Hier sitze ich und höre nur immer: „*Bado, bado*. Wann kommt er denn endlich?"

So war es gut, dass wir einen schönen Tag bei Erika verleben konnten. Erika war mit einem Afrikaner verheiratet, einem großen Mann aus Kenia. Sie hatten eine Tochter, ungefähr so alt wie Joyce. Die beiden Mädchen hatten als Kinder zusammen gespielt, als es noch um Puppen und Dreirädchen ging. Jetzt verschwanden sie, kaum dass wir angekommen waren, in Klarissas Zimmer, wo Fernseher und Computer standen.

Die Jungen vermissten sie nicht. Sie hörten den Abenteuerberichten von Unyango zu, Erikas Mann. Er kam gerade von einer langen Safari zurück, hatte im Süden des Landes nach Edelsteinen gesucht und war auch einigermaßen erfolgreich gewesen. Es war ein Vergnügen, ihm zuzuhören.

Erika hatte ein gutes Essen für uns alle gekocht und einen großen Tisch auf der schönen Veranda gedeckt. Natürlich sprachen Erika und Fano davon, wie sie vor vielen Jahren geholfen hatte, dass er nach Deutschland fliegen konnte. Dass Erika ihm auch vor wenigen Tagen wieder aus großer Not geholfen hatte, erfuhr ich erst später, als Fano es mir erzählte. Gespannt fuhren wir nach dem schönen, harmonischen Tag zurück in die Stadt. Was würden wir wohl von Naman hören? Das Gleiche wie jeden Abend, nämlich: *Bado* – noch nicht. Also weiter warten.

Am nächsten Tag machten wir einen Ausflug nach Bagamoyo. Das war mein eigener Wunsch. In den 60er Jahren war ich mit meinem Mann einmal dort gewesen. Ich hatte die alte, historische Stadt als verkommene arabische Siedlung in Erinnerung. Sie liegt ca. 60 km nördlich von Dar-es-Salaam. Im 19. Jahrhundert hatte sie traurige Berühmtheit erlangt, weil sie Umschlagplatz für den Sklavenhandel war. Von dort aus wurden die Sklaven, die in Karawanen aus dem Inland ankamen, zur Insel Sansibar verschifft. Neuerdings hatte ich gehört, Bagamoyo sei ein empfehlenswertes Touristenziel. Den Aufschwung wollte ich gerne sehen. Außerdem war ich der Meinung, ein wenig Heimatkunde könnte den Kindern nicht schaden.

Als wir dort ankamen, erschien mir alles sehr bekannt. Genau so, wie sie heute aussah, hatte die Stadt auch vor 40 Jahren ausgesehen. Wir besuchten die Ruinen des ehemaligen deutschen *Boma*, des Verwaltungsgebäudes der Kolonialherrschaft. Und lustlos folgten mir die Kinder zum deutschen Heldenfriedhof am Meeresstrand. Dort lasen wir die Aufschriften auf den Grabsteinen: junge deutsche Männer sind hier beerdigt, die im Kampf gegen die Engländer 1914-1918 gefallen waren.

Danach fanden wir ein kleines Hotel am Strand neben dem Fischerhafen. Dort aßen wir den frischen Fisch mit herrlichem Reis, und dann war noch Zeit für ein Bad im Indischen Ozean. Bestimmt waren abseits der alten Stadt irgendwo schöne Touristenhotels gebaut worden. Aber gesehen haben wir sie nicht.

Nun zurück zur täglichen Frage: Wann kommt Naman? Die Antwort war nun: Vielleicht Anfang nächster Woche, aber: *Bado*. Samuel wollte uns jetzt etwas Gutes tun. Er lud uns alle in den schönen *Rose-Garden* zum Abendessen ein. Das war ein feines Gartenrestaurant, und dort fand sich die ganze Verwandtschaft ein. Es kamen zusammen: Onkel, Tanten Kusinen und Vettern und sogar Grace, die Tochter von Naman, also Fanos Schwester. Tische wurden zusammengerückt und zum Schluss waren wir etwa 20 Leute, alles Mbulu-Leute, die gekommen waren, um die neuen Verwandten kennen zu lernen.

Fano mit seiner Schwester Grace

Die Stimmung war fröhlich und wurde noch fröhlicher, als alle – sowohl Männer als Frauen – fleißig *Kilimanjaro* tranken, das tansanische Bier. Als ich höflich, um die neue Verwandtschaft nicht zu verärgern, das Bier ablehnte, wurde für mich eine Flasche erstklassigen südafrikanischen Weins geöffnet. Als ich den probierte, waren alle zufrieden. Die Kinder bekamen Fanta satt. Fano saß glücklich neben seiner Schwester Grace. Es war frappierend, wie ähnlich die beiden sich sahen. Einige der Onkel – oder Vettern (wer blickte da schon durch) – holten ihre Digitalkameras hervor, und es wurden Bilder gemacht: Fano mit Grace, Grace mit Joyce, alle Mariamu-Kinder mit Grace und noch einmal dasselbe mit der Oma. Ich wunderte mich auch darüber, dass fast jeder mit einem Handy ausgerüstet war. Hier saß ich als einzige Europäerin ohne Kamera, ohne Handy, ohne Auto – eingeladen von Afrikanern, die all das besaßen.

Als der Abend fortgeschritten war, verabschiedeten wir uns. Alle bedauerten, dass wir schon gehen wollten. Samuel brachte uns zum Lutherhaus.

Von Gottes Geist berührt

Am nächsten Tag war Sonntag. Fano hatte den Vorschlag gemacht, wir sollten mal einen richtigen afrikanischen Gottesdienst besuchen. In der großen Lutherkirche begann jeder Gottesdienst mit dem Lied: „Lobe den Herren, den mächtigen König der Ehren" – in Suaheli versteht sich. Das Lied erinnerte ihn zu sehr an die Kirche im Siegerland. Nun, einen richtigen afrikanischen Gottesdienst konnte ich ihm bieten.

Wir gingen also in eine große Gemeinde in der Lindi-Street. Als wir vor der großen weiten Halle standen, fanden wir sechs Leute nur mit Mühe Platz. Gerade hatte die englische Predigt begonnen. Der Suaheli-Gottesdienst folgte später. Ich freute mich, dass Fano offensichtlich aufmerksam zuhörte. Heute weiß ich nicht mehr, über welchen Text der Pastor predigte. Es folgten einige Zeugnisse von Gläubigen, wie sie den Herrn in der vergangenen Woche erlebt hatten. Alle, die zuhörten, freuten sich darüber und priesen den Herrn durch „Halleluja"-Rufe.

Die Stimmung war bewegt, aber keineswegs aufgeheizt. Dann wurde ein Lied vorgeschlagen. Es war das Lied: „Am Kreuze meines Heilands, da ist mein sicherer Stand“. Die Gemeinde sang das Lied in Suaheli und die Band spielte dazu. Ich freute mich sehr, dass ich von Herzen mitsingen konnte.

Doch was war denn nur mit Fano los? Ich sah, dass er weinte, und dann kam er zu mir. Er umarmte mich und weinte herzzerreißend. Ich hielt ihn fest und ließ ihn weinen. Dann machte ich mich los und ging während des Liedes durch die große Versammlung nach vorne, wo die verantwortlichen Brüder saßen. Ich kannte niemanden dort. Als ich mich durch die Menge drängte, betete ich: *Herr, zeige mir, welchen der Brüder ich zur Hilfe holen soll!* Das tat der Herr. Ich ging auf einen älteren Mann zu, der sich mir erstaunt zuwandte. Ich bat den Bruder: „Komm, hilf meinem Jungen, er möchte Buße tun.“

Der Mann verstand sofort die Situation. Es bedurfte keiner Erklärung, und er folgte mir. Die Gemeinde sang indessen weiter:

„Da blick ich auf
und seh im Geiste Gottes Lamm,
wie es für mich geblutet hat
und starb am Kreuzesstamm.
Da muss ich schamerfüllt gesteh‘n,
zwei Wunder ich hier find:
Das Wunder seiner großen Lieb
und meiner großen Sünd.“

Der fremde Bruder ging auf Fano zu und nahm ihn bei der Hand. Der weinte noch immer, aber er folgte dem Fremden ohne Weiteres, und sie gingen in ein Aussprachezimmer.

Gottes Geist kann einen Menschen da berühren, wo sonst niemand hinkommt: im tiefsten Herzen. Er kann wahre Erkenntnis der Sünde schenken und wirkliche Traurigkeit und Buße darüber geben. Gott handelte aus Gnade an Fano und wir konnten ihm dafür nur danken.

Da jetzt der Suaheli-Gottesdienst bald begann, blieb ich mit Michael, Joyce, Lucky und James so lange sitzen. Die Kinder waren sichtlich beeindruckt. Nach kurzer Zeit konnte James nicht mehr still sitzen und er ging aus der Halle, um auf der Treppe mit anderen Kindern zu spielen. Schnell folgte ihm auch Lucky.

In den Gemeinderaum strömten jetzt die Besucher des zweiten Gottesdienstes. Wir warteten gerne, weil wir ja nicht ohne Fano nach Hause gehen wollten. Zu meiner Freude sah ich jetzt auch Renate, die wir in der Deutschen Botschaft getroffen hatten, mit ihrem afrikanischen Mann Lusekelo und ihren Kindern. Sie gingen an uns vorbei nach vorne. Bevor der Gottesdienst begann, schrieb ich ihr schnell ein kleines Briefchen. Darin lud ich sie mit ihrer Familie im Anschluss an den Gottesdienst zum Mittagessen in den *City-Garden* ein. Mir lag daran, mit ihnen noch Gemeinschaft zu haben. Und vielleicht konnte Lusekelo noch mit Fano sprechen.

Gegen Ende des Suaheli-Gottesdienstes kam Fano zu uns. Er setzte sich still an seinen Platz. Der Bruder, der ihn mitgenommen hatte, ging nach vorne zu den Gemeindeleitern. Mit allen anderen zusammen verließen wir die Kirche.

Im Gänsemarsch zogen wir los Richtung Lutherhaus: Joyce und ich voran, dann Lucky, James und am Schluss die Brüder Fano und Michael. Dort angekommen, konnten wir duschen; das hatten wir nötig bei der Mittagshitze. Fano schien gelöst und froh. Er wollte gleich loslegen und erzählen. Aber weil er immer noch sehr erregt war, schlug ich vor, wir sollten erst einmal zum Essen gehen. Der Vormittag war lang und ereignisreich gewesen. Wir brauchten Entspannung.

Der Oberkellner Justin im *City-Garden* kannte uns und hieß uns freundlich willkommen. Ich sagte ihm: „Bwana Justin, heute brauchen wir einen großen Tisch. Außer uns kommt noch ein Ehepaar mit fünf Kindern." Das war kein Problem. Unter den Akazien wurden Tische zusammengerückt und schon hatten wir Platz für alle. Bruder Jonny, der Bücherverkäufer, kam auch noch mit. Sonntags ist sein Stand geschlossen. Familie Lusekelo kam und ein frohes gemeinsames Essen wurde von allen genossen. Fano und Herr Lusekelo saßen nebeneinander und unterhielten sich. Lusekelo sprach als leitender Bankbeamter gut Englisch.

Für Bwana Justin und seine Mitarbeiter bedeutete der unerwartete Ansturm allerdings eine Herausforderung. Die jungen Leute und die

Kinder fanden es schwierig, aus der Speisekarte auszuwählen. Die meisten entschieden sich dann nach reiflichem Überlegen für *Chips and Chicken*. Die Erwachsenen bevorzugten einen Pilau mit Lammfleisch.

Das Mittagessen zog sich hin bis 16 Uhr. Dann fuhr die Familie Lusekelo nach Hause, und wir gingen ins Lutherhaus.

Fano erzählt

Jetzt war es an der Zeit, dass Fano und ich uns zusammensetzten. Und da kam alles heraus. Fano berichtete:

Schon länger befand er sich in einer Identitätskrise. War er Afrikaner oder Europäer? Und seit wir in Tansania waren, kam auch ein gewisser Kulturschock hinzu. Dann das nervenaufreibende Warten auf den Mann, der behauptete, er sei sein Vater. Das war alles zu viel.

In der Nacht, bevor wir nach Njombe fahren wollten, konnte er nicht schlafen. Tausend Gedanken gingen ihm durch den Kopf. Da stand er auf und sagte seinem Bruder Michael: „Ich muss mal vor die Tür. Ich bin früh genug wieder hier.“ Michael hatte versucht, ihn zu warnen, aber Fano war losgezogen. Er irrte in der Stadt und am Hafen umher, ohne zur Ruhe zu kommen. Plötzlich riefen die Gebetsrufer von den Minaretten. Er wusste, dass es war Zeit umzukehren – doch jetzt fand er nicht mehr zurück. Es dauerte lange, bis er jemanden fand, der ihm den Weg zum Lutherhaus zeigen konnte. Als er dort ankam, war es heller Morgen, und Michael und ich waren längst unterwegs Richtung Njombe.

Statt jetzt ruhig zu überlegen, reagierte er trotzig. Nun war er endlich ein freier Mann und musste nicht immer das tun, was die Oma und andere Leute sagten. Geld hatte er ja auch noch in der Tasche. Also packte er seine Sachen zusammen und sagte dem Lutherhaus Ade.

Nur, wohin? Da fiel ihm das schöne *Royal-Palm-Hotel* ein, wo die Oma die Reiseschecks eingelöst hatte. Ja, das war das Richtige, da hatte es ihm gefallen. Also dorthin. Er meldete sich an der Rezeption und buchte ein Zimmer – erst mal für eine Nacht, dann konnte man weitersehen.

Das Zimmer war sehr schön! Ganz diskret summte die Klimaanlage, dort standen ein Fernseher und ein Telefon. Und einen kleinen Kühlschrank mit einer Auswahl an Getränken gab es auch. Fano genoss das saubere schöne Bad und duschte erst einmal ausgiebig. Und dann das breite Bett mit den sauberen Betttüchern. Er hatte ja noch viel Schlaf nachzuholen. Während wir im Überlandbus auf der staubigen Straße fuhren und uns Sorgen um ihn machten, schlief unser Fano im *Royal-Palm* tief und fest.

Als er aufwachte, war es schon dunkel draußen. Warum nicht ein wenig Fernsehen? Er suchte die Fernbedienung und ein Programm. Aber das war nicht das Richtige. Außerdem meldete sich der Hunger. Der ließ sich unten im Restaurant beheben. Dort saßen meist europäische Gäste, aber auch einige Inder und Araber, jedoch nur wenige Afrikaner. Das Essen war gut, allerdings ein bisschen wenig, so schien es Fano. Der Kellner brachte höflich die Rechnung. Als Fano sein Bargeld zählte, hatte er den Eindruck, dass auch das zu wenig war. Er hatte gedacht, das Abendessen sei im Zimmerpreis inklusive.

Als er an der Rezeption vorbeikam, bat ihn die Dame dort freundlich lächelnd, seine Übernachtungsrechnung zu begleichen. Weil Fano das nicht konnte, bat sie ihn in ein Hinterzimmer. Und da standen zwei Polizisten mit Gewehren. Die waren jetzt nicht mehr freundlich wie die Dame an der Rezeption und der Kellner im Restaurant. Nein, die Polizisten waren ausgesprochen grob zu ihm. Sie behandelten ihn wie einen Verbrecher. Sie schrien ihn an, und er musste seine Personalien angeben. Auch, dass er einen deutschen Pass hatte, half ihm gar nichts. Sie wollten Geld sehen, und das hatte Fano eben nicht. Es ging hin und her. Fano wagte schon nicht mehr den Mund aufzumachen, denn er fürchtete, geschlagen zu werden.

Da fiel ihm in höchster Not sein rettender Engel – Erika – ein. Man fand ihre Telefonnummer heraus und rief sie an. Als sie von der Zwangslage hörte, sagte sie: „Ich komme sofort." Inzwischen war es spät in der Nacht. Während man auf Erika wartete, blieb einer der Polizisten mit seinem Gewehr immer an Fanos Seite. Er fühlte sich zutiefst gedemütigt, und es wurde ihm klar, dass diese Afrikaner ihn als Afrikaner ansahen. Wenigstens das lernte er hier.

Als Erika auftauchte, wurde alles schnell geregelt. Sie bezahlte die Rechnung, die Dame von der Rezeption holte Fanos Sachen aus dem Zimmer, und dann fuhren sie zu Erikas Haus. Wieder einmal hatte Erika ihm aus großer Not geholfen. Diesmal hatte er sie selbst verschuldet. Erika nahm sich am nächsten Tag Zeit, viele wichtige und ernste Dinge mit Fano zu besprechen. Er nahm jede Belehrung gerne von ihr an.

Bei Erika blieb er bis zu dem Tag, als Michael und ich mit den Kindern von Njombe kamen. Dan brachte sie ihn zurück ins Lutherhaus. Dort gefiel es ihm jetzt besser.

Jetzt fehlte mir noch die Erklärung für Fanos Erlebnis im Gottesdienst. Er erzählte mir:

„Heute morgen war ich voll trauriger und bedrückender Gedanken. Ich hatte den Eindruck, dass mein ganzes Leben bisher falsch gelaufen war. Ja, dass ich selbst alles falsch gemacht hatte. Ich wusste keinen Ausweg. Als der Pastor dann sagte, dass wir unser Leben ganz Jesus überlassen sollten, war mir klar, dass das für mich gesagt war. Und als der Chor das Lied sang und die Band so ganz afrikanisch dazu spielte, musste ich weinen. Ich konnte nicht anders.

Dann kam der Mann und nahm mich mit in einen kleinen Raum unter der Kirche. Woher kanntest du den Mann, Oma? Hattest du dem von mir erzählt?“ Als ich Fano erklärte, dass ich noch nie zuvor mit dem Mann gesprochen hatte, sondern nur den Herrn Jesus gebeten hatte, mir den richtigen Bruder zu zeigen, da staunte Fano. „Der Mann wusste alles von mir. Was er mich fragte, traf genau ins Schwarze. Ich habe ihm alle meine Zweifel gesagt und auch meine Sünden bekannt. Der wusste ja sowieso alles. Dann haben wir gebetet, erst ich und dann er. Was ich dann erlebte, war wunderbar. Als ich auch vor Jesus meine Sünden bekannt hatte, war es mir, als stände ich unter einer Dusche und aller Dreck und alles Böse würde abgewaschen und flösse unter mir weg."

Als Fano mir das erzählte, musste er wieder weinen. Aber er war glücklich, und wir priesen gemeinsam den Herrn. Allein dieser Morgen war die Reise nach Afrika wert gewesen.

Naman kommt!

Als auch am Sonntagabend immer noch keine andere Nachricht als *Bado* von Naman kam, machten wir Pläne für eine Safari in den *Mikumi-Park*. Das ist der Tierpark in Tansania, der am nächsten bei der Stadt Dar-es-Salaam liegt. Aber er ist doch so weit von der Küste entfernt, dass man an einem Tag hinfährt, dort den Abend und die Nacht verbringt und dann am nächsten Tag zurückkehrt. So vereinbarten wir mit dem Safari-Unternehmen *Elephant Adventures*, dass Fano und Joyce am Dienstagmorgen früh starten sollten. Michael, die Kleinen und ich blieben zu Hause. Alle waren damit einverstanden.

In aller Frühe fuhren die Safari-Leute los. Michael nahm die beiden kleinen Brüder mit in seine Wohnung, ein kleines Zimmer in einem dicht besiedelten Teil der Stadt. Dort wollten sie Bekannte und Freunde besuchen und mit ihnen den Tag verbringen. So war mir ein freier Tag beschieden. Das genoss ich sehr. Als Michael und die Kinder gegen Abend zurückkamen, brachten sie die Nachricht mit: „Morgen kommt Bwana Naman!“ So geht es: Jetzt war Fano fort, und dann kommt endlich der lang Erwartete.

Am nächsten Tag saß ich bei Namans Ankunft im Hof des Lutherhauses. Ich hatte den Mann noch nie gesehen. Allerdings hatte Samuel uns Namans Bild gezeigt und uns erzählt, dass sein Onkel hinke, weil er als Kind Polio gehabt hatte. Das genügte mir, um ihn zu erkennen. Auch er hatte mich wohl erkannt und kam direkt auf mich zu. Dass Fano auf Safari war, wusste er. Darum war er nicht verwundert, mich allein anzutreffen. Wir begrüßten uns, gingen ins Restaurant und ich bestellte beim Chinesen einen großen Topf Tee mit den dazugehörigen Kuchen. Jetzt hatten wir viel Zeit und Muße, miteinander zu sprechen. Das war sehr gut.

Wir fassten sofort Vertrauen zueinander. Ezra Naman schien mir ein liebenswerter, guter Mensch zu sein. Und er öffnete mir sein Herz. Wir sprachen über längst vergangene Zeiten. Er erzählte mir, wie er zur Einsicht gelangt war, dass er über den Sünden seiner Jugend Buße tun musste. Und er bat mich um Verzeihung für alles, was er auch meinem Mann und mir angetan hatte. Ebenso dankte er mir für unsere Fürsorge gegenüber Fano. Wir saßen lange zusammen und verabredeten uns dann für den nächsten Nachmittag, wenn Fano von seiner Safari zurück sein würde.

Fano und Joyce kamen sehr spät an. Es war schon Nacht, als wir die beiden Reisenden empfingen. Sie waren staubig, hungrig und müde. Es gab viel zu berichten – von beiden Seiten.

Vater und Sohn

Endlich war der Tag gekommen, an dem Fano und sein Vater Ezra Naman sich finden sollten. Michael hatte seine jüngeren Geschwister wieder mit in die Afrikanersiedlung genommen. So blieben Fano und ich allein zurück. Ich saß an meinem Platz im Hof und Fano neben mir. Er wollte mir gerade etwas erzählen und beugte sich zu mir herüber, als ich Ezra Naman kommen sah. Ich nickte ihm zu und legte Fano meine Hand auf den Kopf. Ezra verstand meine Geste und nickte zurück. Im selben Augenblick sah auch Fano den Mann. Er ging auf ihn zu, und die beiden fielen sich in die Arme.

Später sagte Fano mir: „Als ich ihn sah, wusste ich, dass der Mann mein Vater ist." Und jeder, der die beiden sah, wunderte sich über die große Ähnlichkeit der beiden.

Von dem Nachmittag an gehörte Fano Ezra. Sie gingen zusammen fort, und ich wusste Fano in guten Händen. Später schrieb Ezra mir:

von links: eine Tante, Fano, Mariamu
und Ezra (Fanos Vater), 2004

Salaam, Mama!

Ich habe mich sehr, sehr gefreut. Du hast mich verstanden und froh gemacht. Du warst auf meiner Seite und hast geholfen, dass unser Junge Fano endlich Frieden finden und meine Liebe fühlen konnte. Als ich beim Essen neben ihm saß, war es mir, als säße ich neben meinem Kind und müsste ihm sagen: „Nun iss und iss alles auf!" Ich wünsche mir, wieder neben ihm zu sitzen, aber leider wird es wohl bis nächstes Jahr dauern.

Mama, Gott segne dich. Er gebe dir ein langes und gutes Leben. Grüße seine Eltern, meine Gefährten, Hans und Erika, und auch meine Familie. So Gott will, werden wir uns eines Tages sehen.

Gott schütze Euch.
Dein Schwiegersohn Ezra Naman

Diesem Brief folgten dann noch manche andere. Fano ist mit seinem Vater per E-Mail in Kontakt. Auch an Hans und Erika schrieb Ezra Naman einen Brief. Hier folgt ein Auszug daraus in deutscher Übersetzung.

Dar-es-Salaam, den 26.6.2004

An die Geschwister im Herrn,
die Eltern und Erzieher von Fano,
Mutter und Vater, Erika und Hans.

Zu allererst möchte ich Gott danken, dass er Fano und mich fähig gemacht hat, diesen Schritt zu tun, uns zu sehen und uns kennen zu lernen. Ich habe mich sehr, sehr gefreut, ihn und seine Großmutter Mama Nusch zu treffen, mit ihnen zusammen zu essen, mit Fano am Strand zusammen zu sein. Dort haben wir Spiele gemacht, und ich konnte mich viel mit ihm unterhalten. Sicher wird er euch berichten, wie glücklich ich war. Wahrhaftig, Gott ist groß, und er hatte diesen Plan für mich und hat diesen Tag festgesetzt.

Ich habe Fano und Mama Nusch sehr lieb. Und auch euch – auch wenn ich euch noch nie gesehen habe. Ich ehre die Mama Nusch wie meine Mutter und Fanos Großmutter.

Möge Gott euch ein gutes Leben bereiten!

...

Ihr seid herzlich willkommen bei uns in Haydom/Tansania. Gerne möchte ich euch und eure Familie kennen lernen.

Gott segne euch. Ich bete, dass wir uns wie Geschwister begegnen.

Ezra Naman

Naman hatte Buße über eine Sünde getan, die fast 30 Jahre in der Vergangenheit lag. Jetzt wurde er dafür reich von Gott gesegnet. Er bekam nicht nur einen Sohn geschenkt, sondern dessen Familie dazu. So ist nicht nur Freude im Himmel über einen Sünder, der Buße tut, sondern auch auf der Erde – und diese Freude zieht Kreise.

Die letzten Tage in Dar-es-Salaam

Die Zeit war wie im Flug vergangen. Es blieben nur noch wenige Tage bis zu unserer Heimreise. Und es war noch manches unerledigt. Michael hatte sich bemüht, seine beiden Brüder Israel und Abel zu finden. Wir wollten doch nicht nach Deutschland fliegen, ohne sie gesehen zu haben. So viel wir wussten, lebten sie bei ihrem Vater, dem Lehrer Kilango, in der Nähe der Stadt. Wir wussten auch, dass sie sich längst wie ihr Vater zum Islam bekannten und darum auch arabische Namen bekommen hatten. Israel hieß jetzt Seleman und Abel war zum Ali geworden. Mit dem Treffen wollten wir aber warten, bis auch ihre Mutter Mariamu gekommen war. Auch das arrangierte Michael. Als wir Mariamu an dem großen Busbahnhof abholten, war die Freude bei den Kindern und auch bei mir groß.

Am nächsten Tag fuhren wir alle hinaus zur *Jangwani Sea Lodge*. Dort wollten wir uns mit Sele (wie wir Israel nannten) und Ali (den wir einfach Abi nannten) treffen. Und da waren wir nun alle zusammen: Mariamu mit ihren sieben Kindern und ich, die Oma. Wir saßen in dem märchenhaft schönen Garten des Hotels und freuten uns einfach, beisammen zu sein, und dankten unserem Vater im Himmel.

Mariamu und ihre Kinder - hintere Reihe von links: Joyce, Michael, Abi, Fano, Oma, Sele - vorne von links: James, Mariamu und Lucky

Es wurde viel erzählt. Wir erfuhren, dass Sele und Abi längst nicht mehr bei ihrem Vater wohnten, sondern sich selbständig gemacht hatten. Für Sele war das nicht so gut ausgegangen. Er hatte keinen Wert auf die Schule gelegt, besaß keinen Abschluss und fand nirgendwo Arbeit. Folglich stromerte er herum und hatte längst angefangen zu stehlen. Mehrmals war er erwischt worden und im Gefängnis gelandet. Natürlich war ihm seine Mutter eingefallen, und eines Tages hatte er sich in einen Bus nach Njombe geschmuggelt – ohne Fahrschein. Aber er wurde erwischt und kam wieder ins Gefängnis. Der arme Bursche sah auch entsprechend aus: mager und grau. Seine Kleidung bestand aus einer alten Hose und einem Jackett, das ihm viel zu groß war. Es schlabberte um seinen mageren Körper herum. Als Lucky und James ihn deshalb auslachten, sagte er verschämt: „Ich habe es mir ja auch nur geliehen. Heute Abend gebe ich es zurück."

Ganz anders sein jüngerer Brüder Abi. Aus ihm war ein gut aussehender junger Mann geworden. Seine Haut war außergewöhnlich schwarz, aber glänzend und gesund. Er war modisch gekleidet mit Jeans und einem sauberen T-Shirt. Er besaß ein Handy und einen Fotoapparat – der hatte zwar keinen Film, aber nachdem er mit seinem großen Bruder Fano kurz am Kiosk des Hotels gewesen war, konnte er auch knipsen.

Als wir wissen wollten, wie er zu seinem Wohlstand gekommen war, erzählte er uns, dass er Taxi fuhr. Ich fragte ihn: „Hast du denn einen Führerschein?" – „Nein", war die Antwort. „Einen Führerschein habe ich noch nicht. *Bado*. Sobald ich genug Geld dafür zusammen habe, mache ich die Prüfung. Aber es geht auch so. Mein Boss, der Besitzer des Wagens, weiß, dass ich keine Fahrerlaubnis habe. Wenn ich erwischt werde, bezahlt er die Geldstrafe. Und wenn er das nicht kann, gehe ich für 48 Stunden ins Gefängnis. Dann kann ich wieder fahren." Lucky und James bewunderten ihren großen Bruder. Ich hatte so meine Bedenken.

Eine reichhaltige Mahlzeit tat uns allen gut. Der Nachmittag verging schnell, und die jungen Leute genossen wieder das Schwimmen im Ozean. Gegen Abend mussten wir uns verabschieden. Sele und Abi versprachen, am Abreisetag zum Lutherhaus zu kommen, um mit zum Flughafen zu fahren.

Abends kam dann Vetter Samuel wieder am Lutherhaus vorgefahren. Er wollte uns alle abholen, in seinem Haus mit Onkel Naman zusammen den Abend zu verbringen. Ich bat, mich zu entschuldigen. Aber Mariamu und die Kinder fuhren mit. Bei dieser Gelegenheit würden Mariamu und Ezra sich zum ersten Mal seit dem traurigen Abschied vor 27 Jahren wiedersehen. Ich hörte keinen Bericht darüber, wie dieses Wiedersehen verlaufen war, aber ich sah am nächsten Tag, dass Frieden herrschte.

Abschiedsessen

Am letzten Tag vor unserem Abflug hieß es: Wir wollen noch einmal an den Strand gehen, am Hafen sitzen, über die *Samora-Avenue* bummeln, wo wir Andenken für unsere Lieben zu Hause kaufen können. Ja, und wir wollen noch einmal mit unseren neuen Verwandten, mit Ezra Naman und mit den alten Freunden zusammen im *City-Garden* essen.

Am letzten Nachmittag fanden wir uns alle im *City-Garden* ein. Bwana Justin stellte wieder Tische zusammen, und eine große Familie sammelte sich zum Abschiedsessen. Ezras Schwester, die Frau eines lutherischen Pfarrers, kam auch noch hinzu. Ich saß glücklich dabei. Am meisten freute ich mich zu sehen, wie Fano und sein neu gefundener Vater so froh nebeneinander saßen. Für Unterhaltung brauchte nicht gesorgt zu werden. Die Mahlzeit zog sich wieder in die Länge. Die Kinder sprangen schon lange im Garten herum, als wir Älteren uns noch nicht trennen konnten.

Doch die Abschiedsstunde schlug. Ezra sagte mir „*Kwa heri, Mama* – Auf Wiedersehen!“ Wir wussten jeder vom anderen, wie sehr wir uns dieses Wiedersehen wünschten. Wir wussten auch, dass es in weiter Ferne lag. Alles stand in Gottes Hand. Unsere Wege und die Wege unserer Kinder vertrauten wir ihm an. So gingen wir auseinander. Fano und Michael wollten noch mit Ezra zu Samuel. Sie wussten nicht, dass vor ihnen noch ein Abenteuer besonderer Art lag.

Als Mariamu und ich mit den Kindern im Lutherhaus ankamen, wartete dort ein älterer Herr auf uns. Ich erkannte ihn sofort als den Bruder, der in der Kirche mit Fano gesprochen hatte. Gewiss hatte er gehofft, Fano anzutreffen, aber jetzt musste er mit mir vorliebnehmen. Er hieß Jared A. Msanjo und war der Direktor einer großen Firma. Er war direkt aus dem Büro zu uns gekommen und bestätigte, was Fano mir schon erzählt hatte. Immer wieder betonte er: „Dieser Junge hat Buße getan, er hat sich bekehrt und den Herrn Jesus in sein Leben aufgenommen. Jetzt kommt es darauf an, dass er in Zukunft mit Jesus lebt und Gemeinschaft mit anderen Christen hat.“ Da konnte ich nur zustimmen. Wir beteten dort im Hof des Lutherhauses für Fano. Ich war froh, dass ich noch Gelegenheit hatte, ihm für seinen Dienst zu danken. Dann ging er seines Weges.

Gott hatte Fano vor vielen Jahren nach Deutschland gebracht, um ihn an seinem Leib zu heilen und ihm ein behütetes Zuhause zu geben. Jetzt hatte er ihn wieder nach Afrika geführt, um seine Seele zu heilen. *Herr, deine Wege sind unergründlich und vollkommen. Wir können darüber nur staunen.*

Als die Kinder schliefen, hatten Mariamu und ich noch Zeit, miteinander zu sprechen. Dies war ja der letzte Abend für lange Zeit, dass wir beisammen waren. Übermüdet schliefen Mariamu und ich ein.

Überfall in den Slums

Am anderen Morgen weckte uns James schon früh mit der Nachricht: „Unsere großen Brüder (Fano und Michael) sind diese Nacht nicht nach Hause gekommen. Lucky und ich mussten ganz allein im Zimmer schlafen.“ Mariamu und ich sahen uns entsetzt an. Heute Vormittag mussten wir rechtzeitig am Flughafen sein. Ich war wütend und schimpfte auf Fano. Was fiel ihm ein, am Abreisetag nicht nach Hause zu kommen! Aber das Schimpfen brachte ihn nicht herbei.

Längst hatte ich einige wenige Sachen, die ich noch mit nach Deutschland nehmen wollte, in meinem Handgepäck verstaut. Das Übrige blieb mitsamt dem Koffer bei Mariamu und den Kindern. Nun konnten wir nur noch warten, bis das Taxi zum Flughafen kam – und vielleicht auch Fano noch auftauchte. Michael konnte machen, was er wollte. Das war seine Sache.

Die Kinder frühstückten beim Chinesen. Mariamu und mir war der Appetit vergangen. So saßen wir im Hof des Lutherhauses und warteten. Wie oft und wie lange hatte ich dort in den letzten drei Wochen gesessen. Und meistens hieß es: Warten – auf Ezra, auf Fano und Michael, auf Mariamu und wie oft auf den Taxi-Fahrer. Aber diesmal war das Warten besonders spannend. Fano kam und kam nicht, immer hieß es *Bado*.

Endlich schlurfte er um die Hausecke. Ein Glück, noch gerade eben früh genug. Aber wie sah er aus! Er blutete an der Stirn, sein Hemd war zerrissen, ein Ärmel hing lose herab.

„Was ist passiert?" Für lange Erklärungen reichte die Zeit nicht mehr.

„Wir sind überfallen worden."

„Wo ist Michael?"

„Er bleibt in seiner Wohnung und kommt später."

Damit mussten wir uns zufrieden geben. Schnellstens musste Fano sich jetzt reisefertig machen. Er verschwand in seinem Zimmer und erschien nach kurzer Zeit einigermaßen sauber, bereit zur Abfahrt. Später erzählte er uns:

„Als wir uns gestern Abend von Ezra und den Mbulu-Leuten verabschiedet hatten, wollten Michael und ich gerne noch ein wenig zusammen sein. Es war ja unser letzter Abend. Wir lehnten Samuels Angebot ab, uns ins Lutherhaus zu fahren. Wir wollten zu Fuß gehen und noch ein wenig durch die Stadt bummeln. Das taten wir auch und hatten viel Spaß miteinander. Es waren noch mehr junge Leute unterwegs. Mit einigen fingen wir ein Gespräch an.

Sie fragten mich, woher ich käme. Ich verstehe

nicht, wieso sie mir ansahen, dass ich fremd im Land war. Dir, Oma, sieht man von weitem an, dass du fremd bist. Aber alle behandeln dich, als wärst du aus diesem Land. Michael flüsterte mir zu, ich sollte nichts erzählen. Aber es waren so nette Jungs. Ich sah das nicht ein. Schließlich luden sie uns ein, mit ihnen nach Hause zu kommen. Michael wollte nicht. Er sagte, lasst uns in meine Wohnung gehen, die ist nicht weit von hier.

Inzwischen waren wir in dem Afrikanerviertel angekommen, wo die Hütten so nah beieinander stehen. Da leuchten keine Straßenlampen und es war stockdunkel. Plötzlich hörte ich einen Pfiff, und wie aus dem Boden gestampft standen etwa zehn düstere Gestalten um uns herum. Auf einmal war mein neuer Freund verschwunden und an seiner Stelle bedrohten mich ganz finstere Burschen. Michael sagte: ‚Fano, sie wollen dein Geld!' Ich gab ihnen mein Portmonee. Es war ohnehin kaum was drin. Später fiel mir meine EC-Karte ein. Einer von ihnen riss mir die Uhr vom Arm. Bei Michael war sowieso nichts zu holen. Sie wurden immer wütender und fingen an, uns zu schlagen. Da sagte Michael: ‚Wir müssen weg, sonst schlagen sie uns tot.'

Ich hatte furchtbare Angst und betete: ‚Herr Jesus, hilf uns!' Da fuhr ein Auto mit hellen Scheinwerfern heran. Es war ein Taxi. Ich lag auf der Straße, und von meiner Stirn lief mir Blut in die Augen. Michael riss mich hoch und schob mich ins Auto. Er selbst sprang hinterher. Von den Räubern war keine Spur mehr zu sehen. Der

Fahrer hatte unsere Notlage erkannt und fuhr uns zu Michaels Wohnung. Er verlangte nichts dafür. Er wusste ja, dass wir ausgeraubt worden waren.

Dann saßen wir auf Michaels Bett. Wir weinten beide und beteten. Michael holte Wasser und wusch mein Gesicht. Ich sagte: ‚Ich muss gehen, das Flugzeug fliegt heute Vormittag.' Aber es war noch dunkel, und wir wagten nicht, aus dem Haus zu gehen. Als es dann langsam hell wurde und ich hörte, dass auf der Straße viele Leute unterwegs waren, wusste ich, dass ich gehen musste.

Wir beteten noch zusammen, und dann zog ich los. Es war jetzt hell. Die Leute sahen mich komisch an. Ich fand den Weg. Wir sind ja öfter hierher gegangen. Michael war nicht in der Lage mitzukommen. Er sagte, er schäme sich so sehr, und alle Knochen täten ihm weh. Zum Glück hatte er keine offene Wunde. So war das."

Was sollte ich zu so viel Unvernunft und Leichtsinn sagen? Ich konnte nur immer wieder Gott danken, dass Fano jetzt neben mir saß.

Auf Wiedersehen, Afrika!

Jetzt war es aber höchste Zeit loszufahren. Der Taxifahrer wartete geduldig. Aber da kamen doch noch Sele und Abi. Heute trug Sele ein T-Shirt, das ich ihm geschenkt hatte. Damit sah er schon ganz ansehnlich aus. Jetzt mussten wir ein zweites Auto rufen. Auch mit dem besten Willen passten wir nicht alle in eins. Der Fahrer wusste Rat. Sein Bruder hatte ein Taxi gleich um die Ecke. Abi zog los, um ihn zu holen. Wir fuhren schon voraus.

Der Flughafen von Dar-es-Salaam liegt etwa 15 km außerhalb der Stadt. Wir schafften es gerade eben früh genug am Abfertigungsschalter zu sein. Die üblichen Formalitäten verliefen reibungslos. Als unser Gepäck aufgegeben war, hatten wir noch ein wenig Zeit. Lucky nahm mich beiseite und sagte: „Oma, bitte, kaufe mir eine Kappe oder einen Hut." Das wollte ich gerne tun, aber leider gab es das in den vielen Geschäften dort nicht. Schade, Lucky.

Noch mancher Wunsch wurde von Mariamus Kindern an mich herangetragen. Abi hätte so gerne eine Digital-Kamera aus Deutschland. Manche Touristen, die er im Taxi gefahren hatte, besaßen so eine. Sele hätte gerne Geld von mir gehabt. Als ich ihn fragte, was er damit machen wollte, sagte er: „Ich möchte zu meinem Opa nach Mbesa fahren!" Aber seine Mutter meinte, dass sein Opa kein Enkelkind gebrauchen könnte, das bei anderen Leuten stiehlt.

Mit Gesprächen dieser Art verging auch die letzte Wartezeit. Jetzt gab es ein großes Umarmen und viele Abschiedsküsse. Am schwersten fiel mir der Abschied von meiner lieben Enkelin Joyce, Mariamus Tochter. Sie war jetzt 16. Wie würde sie sich verändert haben, wenn wir uns nach Jahren wiedersehen würden! Dann verschwanden Fano und ich in dem Flughafengebäude. Bis zur letzten Minute hatte ich auf Michael, meinen lieben Freund, gewartet. Aber er kam nicht.

Als wir endlich das Flugzeug besteigen konnten, atmeten Fano und ich auf. Vor lauter Abschiedsschmerz und Aufregung überfiel uns jetzt die Müdigkeit. Nairobi verschliefen wir fast, aber in Dubai mussten wir aussteigen. Hier hatten wir jetzt 8 Stunden Aufenthalt vor dem Weiterflug nach Frankfurt. Wieder nahm uns der Zauber dieses märchenhaften Flugplatzes gefangen. In einem Restaurant dort gab es ein gutes Essen, das wir auch nötig hatten. Dann richteten wir uns in der *Marahaba-Warte-Lounch* für einige Stunden ein.

Nun kam die letzte Etappe der Reise. Unsere Gedanken gingen voraus in die Heimat. Fano war zunächst recht einsilbig und schlief die meiste Zeit. Aber je näher Frankfurt kam, umso öfter tauchte in unserer Unterhaltung „Bachdorf" auf. Er freute sich auf zu Hause.

„Jetzt sagt meine Mama zum Papa: Hans, wir müssen uns fertig machen, nach Frankfurt fahren. Der Junge kommt." Ein Lächeln ging über sein Gesicht. Und später: „Jetzt sagt die Mama: Ich mach noch *en Dong* (eine Scheibe Brot). Vielleicht müssen wir warten." Und so war es auch. Das Flugzeug kam pünktlich an. Fano rief sofort seine Mama an: „Wir kommen! Wir sind schon gelandet."

Aber als wir hinausgehen wollten, fehlte Fanos Koffer und wir mussten eine Meldung für verloren gegangenes Gepäck machen. Es wurden Formulare ausgefüllt, und uns wurde versichert, dass man uns das Gepäckstück nachschicken würde. Währenddessen warteten Erika und Hans draußen geduldig. Sie wussten ja: Ihr Junge war angekommen. So endete Fanos und meine Reise nach Tansania.

Später sagte Fano einem Freund: „Ich weiß jetzt, dass ich ein Afrikaner bin. Aber vorerst bleibe ich in Deutschland."

Fanos Geschichte ist hiermit noch nicht zu Ende. Ich weiß nicht, wie sie weitergeht. Aber ich weiß, dass sein Leben in Gottes guter Hand liegt und es deshalb gut werden wird. Es ist wahr: „Gott hört, wenn Kinder beten!"

Irmgard Nusch, im Oktober 2005

Was Fano zu diesem Buch sagt

„Diese Geschichte zeigt mir, dass für Jesus nichts unmöglich ist. Es ist sein Werk und das Werk ist noch nicht vollendet.

Ich halte an ihm fest, und meine Zukunft liegt in seinen Händen. Jesus schenkt mir Halt, Geborgenheit und Weisheit.

In seiner Nähe fühle ich seine Liebe. Und deshalb sage ich: Ihm allein gebührt Preis, Ehre, Lob und Dank."

Fano,
im Dezember 2006

Buchempfehlungen

Patricia St. John

Abenteuer Gebet

Wie rede ich mit Gott?

Möchtest du mehr über das Beten wissen? Dieses Buch kann dir helfen, beten zu lernen. Du erfährst darin, zu wem man beten kann, wie man beten und dabei erfahren kann, dass Gott Gebete erhört.

Taschenbuch, 96 Seiten
ISBN 978-3-89436-113-6
Eur (D) 4,90 Eur (A) 5,10 SFR 9,70

Mein Fitmachbuch zum Bibellesen

mit dem Markusevangelium

Wie liest man am besten in der Bibel? Diese Frage haben Kinder oft. „Mein Fitmachbuch" hilft dir, den Einstieg in das Bibellesen zu finden. Mit dem Markusevangelium und einer Bibellese für 31 Tage wirst du an den Bibeltext herangeführt. Außerdem erfährst du vieles über die Bibel als Buch, über Gott und Jesus Christus und wie man Gott kennenlernen kann.

Taschenbuch, 96 Seiten
ISBN 978-3-89436-385-7
Eur (D) 2,50 Eur (A) 2,60 SFR 4,80

Buchempfehlungen

Irene Howat

Ganz normal und trotzdem cool

Kinder, die die Welt veränderten

In diesem Buch erfährst du von Kindern, die die Welt veränderten. Aber bevor sie das taten, wurden sie von Gott verändert. Ob Martin Luther, Johannes Calvin, Georg Müller oder Susanna Spurgeon u. v. a. – sie alle wurden zu Männern und Frauen mit einem starken Glauben. Sie zeigen dir, worauf es in einem Leben für Gott ankommt.

Taschenbuch, 224 Seiten
ISBN 978-3-89436-407-6
Eur (D) 6,90 Eur (A) 7,10 SFR 12,60

Kari Vinje

Mama, ist Oma jetzt eine Wolke?

... und andere Fragen von Julia

Dies ist die Geschichte von Julias spannendem und lustigen Alltag. Bei Julia ist immer etwas los. Ihre Fragen über Gott, Jesus, den Himmel und auch über das Thema Tod beantwortet ihre Mama so, dass sie es gut verstehen kann.

Taschenbuch, 96 Seiten
ISBN 978-3-89436-462-5
Eur (D) 4,90 Eur (A) 5,10 SFR 9,70